鄭石岩作品集

大眾心理館

禪學與生活

3

國家圖書館出版品預行編目資料

無常・有效面對生活：涵養禪定智慧，開展亮麗人生
／鄭石岩作. -- 二版. -- 臺北市：遠流, 2006 [民95]
面；　公分. --（大眾心理館鄭石岩作品集. 禪學與生活；3）

ISBN 978-957-32-5862-9（平裝）

1. 生活指導　2.修身

177.2　　95015423

大眾心理館
鄭石岩作品集・禪學與生活3

無常・有效面對生活

涵養禪定智慧，開展亮麗人生

作者：鄭石岩
執行主編：林淑慎
美術設計：雅堂設計工作室
發行人：王榮文
出版發行：遠流出版事業股份有限公司
100臺北市南昌路二段81號6樓
郵撥：0189456-1
電話：(02)2392-6899　傳真：(02)2392-6658
著作權顧問：蕭雄淋律師
2006年9月1日　二版一刷
2015年9月1日　二版四刷
售價新台幣240元（缺頁或破損的書，請寄回更換）

ISBN 978-957-32-5862-9

遠流博識網

http://www.ylib.com
E-mail:ylib@ylib.com

大眾心理館・鄭石岩作品集・禪學與生活 3

鄭石岩 著

無常・有效面對生活

涵養禪定智慧，開展亮麗人生

《無常・有效面對生活》

目錄

新版序

你可以活得更好

我們生活在不斷變化的環境裡，必須有適應的能力，以及創造的智慧，才能生活得好，生活得成功幸福。

人所生活的環境，無論是自然環境或人文環境，隨時在變。特別是人文環境，像是經濟、政治或文化，乃至流行風尚，只要部分變動，都足以影響個人生活。每個人都生活在快速的社會變遷之中，如果你沒有這方面的準備，就會活得辛苦、無助和沮喪。

適應變遷就是快樂

人的理智有好奇和求新求變的本性；但人的情感世界，卻有執著、依賴或能不變就不變的習氣。當一個人面對變遷，感到無奈和無助時，就會沮喪憂鬱；當一個人面對變化，起了敵意的念頭，就會憤怒暴力。

生活的本質就是面對無常，覺察種種變化，回應新的挑戰。人生的成功與幸福，就建立在挑戰與回應上。越能接受種種變化的挑戰，就越能活得成功喜樂。生活的真理就是面對無常，要心甘情願，主動覺察變遷，並作正確的回應。

從多年從事心理諮商研究和輔導助人工作經驗，我深深體會到，心理的困擾、煩惱的症狀，大部分源自不能面對現實。當環境改變時，有些人的想法和感情世界仍停留在過去。於是，輕者憤世嫉俗，無意識地阻抗學習新知，並將過錯推到自身之外，讓自己變得更無辜和無情，而不自知正陷入錯誤和危機之中。

至於完全拒絕變遷，無視於無常挑戰的那些人，會採取退化的心理機制，用種種精神官能症的表現，來逃避自己應該負起的責任。結果，他們反而會更無能、更無助，變得焦慮或憂鬱，心理失常就是從這個缺口衍生出來的。

在無常中創造幸福

社會變遷快速的地方，就是無常表現得最活躍的地方。無常是很自然的事，如果你能順應這些變化，作更多學習，心智和調適能力就能不斷提升。

所以我們要培養一些基本的生活態度，才能有效面對種種生活的變化和挑戰。

首先要有積極的想法，不要把無常看作是負面的因素；無常表示環境的變化，導致生活的失衡，你必須設法回復平衡。

第二，正因為是無常，所以我們有機會去駕馭它；不是失敗就永遠失敗，每個人只要有信心，肯去學習新知，努力實踐，就能完成新的目標。

第三，無常提示我們「日新又新」的觀念，它帶來不斷成長和向上提升的動力。

本書提供諸多面對無常，以及個人向上提升的方法，每一個主題，就是一個策略和實踐法要，並引用許多現實事例來作說明。我相信能給讀者很多必需的知識，去面對自己所遭遇到的挑戰，從而得到快樂和幸福。

人很怕執著在過去的經驗裡，而沒有用心去思考。用往日成功的經驗來解決眼前的問題，未必能成功，因為它的工具性可能失效。可是大部分的人會沾沾自喜，抱著過去成功的經驗不放，造成執著。然後，在成功的榮景中，漸漸掉入失態和挫敗。無常，也揭示了另一項真理：智慧與創意才是生命成功之道。

領悟人生的意義

人必須對人生有所認識，才會知道怎麼為生涯作正確的抉擇和行動，並從自己的生涯中領受到豐富的意義，仰望著有限生命的延續價值。

生命是無常的，它就像一次旅行或一齣戲劇，演完了就要從戲碼、舞台和道具中離開。無常的人生，只不過是真常的本體世界的一部分。而且無論你的一生多麼坎坷、多麼艱辛，只是所演的戲碼或所作的旅行而已。戲中演苦旦的人，往往是大牌名星；辛苦的旅行，往往帶來豐收。然而就慧命或永生而言，並沒有縮減，所以，儘管你的生涯中有得失，有憂喜，有成敗，只要你真心去生活，用慈悲和智慧去經營人生，就會有喜樂和自在。只要你知道仰望著永生的本體世界，來日就能從無常的現世生活，回歸到光明喜樂的美好本體世界。

有情的生命是血肉五蘊之軀，生活在無常或變動不拘的現象世。然而，它卻也是表現試煉智慧和慈悲力的場景。順有順時的引誘和挑戰，逆有逆境中的困窘和磨難，兩者都需清醒覺照，並抱著一顆大愛的心，才能過得快樂自在。生命就在這個無常的試煉下，產生光明，並歸屬於光明的本體世界。

有限的生命結束時，你帶不走所擁有的財物和名利，但卻帶著自己的心。

你是要帶走焦灼不安和煩惱的心，還是要帶走慈悲喜捨的大愛襟懷呢？這是人生最重要的課題。

對生命意義的參悟程度，會影響生活的適應和品質。當然，無常的生活挑戰中所磨煉出來的智慧和愛心，也反照著通往光明的永生之路。

這本書是我從事心靈研究及輔導助人工作中，所觀察到的生活真理。對照佛學中所謂的無常，以及無常本身就是智慧的表現，有著更多領會和感動，我用這樣的觀念及方法，幫助許多人度過困境；我也從成功快樂的人士身上看到他們迎接無常，用智慧創造幸福和快樂。

我們無需懼怕無常和變化，怕的是規避無常的挑戰和不知如何回應。這就是本書希望提供讀者的方向。

原序

自我成長拓展人生

人要有正確的心念和智慧，才能面對無常的挑戰。

我從年少開始接觸佛法，起先只是虔誠的拜拜，後來卻從中領會許多寶貴的真理，它深深地影響我，形成生活與工作的態度，甚至化作學術研究上的資糧，發展成心理諮商的理念和技巧。

無常是佛學中眾所皆知的名詞。不過，有些人把無常作了消極解釋：認為人生不長久，生老病死無從把握，禍福不可捉摸，所以嘆息人生無常，要委順無常，放下掙扎努力，以求心靈的安靜。其實，無常也有不同的說法：我們生活在無常的現實世界裡，要用智慧解決問題，要用慈悲創造幸福，同時要用覺察去看清人生的本質，參悟真常永生的妙諦。所以無常孕育人類的智慧，有了無常才有變化之美和豐收。我閱讀經藏，發現佛陀原來的本意就是如此。

回想少年往事，母親是一位隨和熱心的人，和鄰居親友相處和睦。鄉下人一到晚間，農事放下，就到我家客廳閒聊，我經常聽到深具啟發性的對話，和動人心弦的安慰及心理支持。這當然啟發了我對輔導和諮商的興趣，但最大的幫助是，讓我了解許多人生的道理。有一次，我聽到他們的對話：

「要存錢，要讀書，將來才有出息。」另一位則說：

「時代在變，不能存死錢，不能讀死書。要走出去看看世面，學習在新社會中討生活。」另一位又說：

「肯學習、有知識和真本事，就能有好前途。」

他們各說各話，沒什麼爭論，好像大家都對。客人走後母親對我說：「肯學習就會有能力面對未來。」

另有一晚，他們又在閒聊，一位鄰居說了自己的生涯計畫：

「我存夠錢就蓋新房子，存夠錢就結婚。」另一位說：

「要存夠錢才蓋房子，就永遠沒有新房子可以住；要積蓄到足夠錢才討老婆，就永遠成不了家。生活不斷在變，你還沒存夠錢，就可能為了急需而挪用，這樣永遠蓋不了房子，也結不了婚。最可能的方法是把握當下，用你現有的積蓄，不足的數目貸款，借款有助於儲蓄，結婚後兩人共同努力，比一個人單打獨鬥要強。」

那位鄰居默然沒有反應，沒有接受智慧的建議。他死守著自己的信條，一直存不足成家的本錢，房子也沒蓋成，身體卻漸漸衰老；由於自認達不到心目中的希望，只落得抑鬱沮喪。他臨終時還想著蓋房子和結婚的未竟心事。

後來，我閱讀哲學、心理學書籍和諸多佛經，發現無常是生活的現實，也是人生的真理。沒有一件事永恆不變，也沒有一個社會永遠停頓不前，更沒有永恆常駐的青春和健康。生活和工作的真諦就是面對問題，解決問題，保持心智的不斷成長，不斷領悟新的希望，即使到了臨終，也要從中看出新的意義和希望。

我們生活的環境不斷的變動，往往才剛剛解決一個難題，下一個挑戰已接踵而至，無論是工作情境或生活遭遇，總是不時在接受著考驗，無可避免地會發生挫折、困難和意外。所以生活的本身就是無常。

對於突如其來的變動，有些人會懷抱阻抗心理，不願意接受它或面對它，甚至產生懼怕和逃避。人如果能克服這層心理因素，願意面對眼前的現實，就是冒險犯難，也有信心解決問題；相對的，如果採取退縮或防衛的態度，對於新的挑戰就會逃避，不肯發揮創意，而採取株守原則，則不但會使人鬱鬱不樂，還會失去許多發展的新機。

愈是懼怕改變，不肯以智慧、愛心和毅力面對現實，接著也就更容易強調無常的消極面，而墮入無助和無奈。生活在變遷快速的社會裡，消極慨嘆無常，只會帶來抑鬱沮喪。我們必然要選擇積極的態度，去面對無常的挑戰，並將無常看作開拓美好人生的契機。

這本書融會了佛學、哲學和心理學的觀念，並將多年來助人的經驗和觀察所得，分成二十二個主題描述，每一篇針對一個生活或工作上的問題，作深入的解析和探討。相信讀者能從中領會到自我成長和拓展美好人生的智慧。

壹

在無常中振作發心

我們生活在無常的挑戰之中，
如果能把心照顧好，
就會有好的精神力。
能善用策略性樂觀和防衛性悲觀，
則能提振士氣。
能提升行動計畫，
就能有效克服難題，
獲得新的成就。
這是面對無常，
保持振作的道理。

生活的本質，就是在應付環境的變化，滿足生理和心理的種種需求。所以生活即是無常，如果人對於無常產生信心和希望，就能樂於求存，產生樂觀。反之，如果對無常變化覺得無奈無助，就會悲觀沮喪。

在景氣低迷、失業率走升之際，可以看到許多人不知該如何應付眼前的變化，從而產生無助和絕望，引發憂鬱症，甚至反應出酗酒、家庭暴力和自殺的行為。他們因為對自己遭遇的困境沒有辦法解決，所以強烈的無助感便引發消極的人生。

當一個人要陷入無助和絕望時，因為自我無法接受自己的無助，他們便會轉為攻擊和謾罵引起他無助的人或事，而且一定要找個理由或藉口，作為心能的出路。於是，有些人把箭頭朝向政府、社會或原來服務的公司，甚至於朝向父母或原生家庭。他們必須找個代罪羔羊，讓自己成為受害者。正因為自己是受害者，他沒有責任，所以沮喪和無助是當然的事，這使他一蹶不振，或者心理症狀因此而明顯化。

另一種是把矛頭對準自己，他痛恨自己的無能，覺得自己沒有能耐，因而自暴自棄。他從遭遇中抽身，好像眼前所以如此跟我無關，冷漠、低沉的情緒和對外隔絕，使其原有的人際支持系統失能。這樣的態度使他真正陷入沮喪和無助的困境，憂鬱的魔掌也一步步逼近他。

從觀察中發現，無論把錯推給別人或自己，只要是想逃避現實而不肯負起責任，這個人就會漸漸消沉下去，找個藉口讓人從無常的現實中，漸漸潰敗下來。

把心照顧好

人無論遭遇任何打擊或創傷，若能看清楚失去的只有受創的部分，不讓自己的情緒低落下來，就不致陷入憂鬱和沮喪，也能夠再站起來，透過學習和調適，走出新的人生路。因此，生活在無常變動的大環境裡，要早做心理準備。

人不免在生活和工作上跌跤，造成情緒低落，但情緒低落並不等於沮喪，只要稍加調整，就能從困境中掙脫出來。人要陷入真正的心靈災難，需要很長時間的自我折磨，薰染不好的情緒習慣，然後才陷落絕望和無助。以下是對抗受挫與情緒低落的方法。

- 認清該做什麼，並保持行動。
- 保持人際支持，以免孤立無助。
- 經常運動，保持開心。
- 注意生活和工作環境的安排。

首先，情緒低落源自惰性，這不是道德上的懶惰，而是挫折和無奈所引發的情緒。無論造成情緒的原因是什麼，行動是對付這種憂鬱的好方法。你越不動，就越不想動，最後會癱在那兒，連做一點小事都覺得困難。如果你強制自己行動，透過家人或朋友的協助，把一天該做的事列出來，逐項去做，就不致越陷越深。有些情緒低落或憂鬱的人會把工作辭掉，以為這樣可以得到休息，實際上則陷自己於專職病人。

情緒低落和憂鬱的人，對於任何該做的事，決不能等到想行動才去做，而是要先去行動，才能帶動他振作，繼而努力執行。他們最需要運動，透過體能的活動來克服惰性。他們也需要訂定一個工作目標，努力以赴，才不會頹廢下去。

其次，與家人、朋友和同事間保持往來，幫他們做些自己有能力做的事。保持來往就能維持人際支持。離群獨居，會使精神頹廢的人更易陷入憂鬱和無助。對於失業的人，我常建議他們到朋友那兒當義工或打工，只要能走出去，跟別人保持往來，就有溫暖和樂趣。如此一來，人的自我價值就不致潰散，因為他還保持了生命的火焰，會能再站起來。

無論遭遇什麼困難，一定要維持社交活動，尤其與朋友聚會、踏青等等，都能為你帶來好心情，也因為你的積極行為，必能帶動好的情緒。

其三是保持好心情。要想有好心情，可以裝作自己心情很好的樣子，用開朗的笑聲跟人打招呼，走路要輕快悅樂，甚至輕哼曲調。剛開始你裝作精力充沛的樣子，過一會兒就會真的精力充沛起來，心情也好轉許多。

保持天天運動，無論慢跑、球類、游泳都好，如果體力不合適，則改為散步或快走，運動能降低緊張和焦慮。

最後，你要注意生活和作息的正常，多給自己接觸陽光的機會，屋子裡照明也必須充足，因為光線能刺激松果腺（pineal gland）分泌一種神經傳導物質，它能帶來振作和愉快。

樂觀和悲觀都能振作

一般人都認為樂觀是成功人生的性格特質。心理學家塞利格曼（Martin Seligman）的研究，證實樂觀的人工作效率高，身心比較健康。於是，大家都強調樂觀的重要性：在教育上重視樂觀習慣的培養，在工作上提倡樂觀的奮鬥，在身心的修養上強調樂觀的態度。

提倡樂觀，學習樂觀，這當然沒有錯。不過，每個人性格不同，天生特質也不一樣，並不是所有的人都能表現得樂觀。那些性格特質傾向悲觀的人，如果每天強迫他們學習樂觀，是不是真的有效呢？

我從事助人與諮商研究多年，實際觀察許多個案，發現悲觀性格特質要改變成樂觀個性，學習樂觀的思考模式，並不是每人都能辦到。於是我採取因勢利導的方法，著眼於悲觀思考中「臨事而懼，好謀而成」的特質，發展出

「優點療法」。許多原本悲觀類型的人，就能將其擔心出錯、憂心事情做不好，以及凡事防範於未然的特質，轉化成在工作和生涯上的助力。

成功便能帶來信心和健康的自尊，他們從中得到自我肯定和滿足，也得到快樂的成就感。我發現「哀兵必勝」的那些人，都有著悲觀的傾向。

更有趣的是，悲觀的人由於防弊和未雨綢繆的能力特別明顯，他們發展出一種穩定大局的特殊才幹。這些人思慮周詳，是很好的參謀、稱職的財務經理，也是盡職的品管人才。

在教育實務上，培養一個人樂觀的態度是對的，但對悲觀者好好的因勢利導，也是正確的。在企業界裡，讓樂觀的人搞業務、衝業績、拓展市場，他們會如魚得水；讓悲觀的人用其多慮的特質，深耕易耨，同樣能顯露才華。所以說「樂觀者贏，悲觀者勝」。

樂觀和悲觀是兩種不同的思考模式，只有樂觀並不保證擁有成功的人生，這要看你怎麼用它，用在什麼目標上。相對的，悲觀並不就等於陷入負面情緒，如果有合理的抱負，朝向符合自己興趣的目標努力，一樣強韌有餘。如果強逼著每個人都採取樂觀的態度，未必能讓各個人活得自在、有成就。事實上，強逼悲觀者採取樂觀的態度，也未必有效。

在學的學生有一部分是悲觀態度者，他們雖然努力用功，但很怕自己考不好，或者疏忽出錯，這類孩子稱作防衛性悲觀（defensive pessimism）。他們對成績的預期比實際表現要來得低，也比較緊張和焦慮，但如果他們將這種特質轉化成未雨綢繆，而更加努力，其所表現的成績就很可觀。當然，如果因為悲觀而導致過度焦慮，以致不能專心用功，造成困擾或沮喪，那就不能稱作防衛性悲觀了。

同樣的道理，無論在職場、家庭、婚姻等各方面，防衛性悲觀的人看來總是擔憂，怕把事情搞砸，時時提防意外或差錯，他們雖然有許多負面的想法，但終究還是表現出哀兵必勝的戰果。

從研究中發現，設法要那些防衛性悲觀的人變得比較樂觀，而干擾他們原來悲觀的思考習慣，結果其工作或學業成績反而會退步；如果不改變其原有的防衛性悲觀態度，則能展現其一定的表現水準。

憂心忡忡的防衛性悲觀者，如果能善用既有的悲觀策略，往往也能表現出色，不受焦慮干擾；反之，他們一旦拋開憂慮，往好的方面想，保持輕鬆快樂，表現反而低落。不少父母不了解這種現象，盡力的安慰，設法讓孩子開心，看起來好像篤定踏實，實際上孩子卻失去動力，失去成就感和自信。

每個人都有一套自我調整的方式，如果防衛性悲觀本身既是他的工作和思考方式，同時又是解決其焦慮的方法，父母和教師無須急著去改變他們的悲觀，以致干擾孩子的思考及學習方式。當他們憂心忡忡時，師長只要接納和同理，就能使他振作起來，有好的表現。

生性過度悲觀的人，比較容易焦慮，造成認知窄化，因而破壞創造力，影響因應生活挑戰的能力。生性過於樂觀，則會誤以為自己能掌控一切，造成不實際的判斷和過高的自我評價，導致與現實脫節。所以，悲觀思考的人要發展防衛性悲觀的態度，以發揮其哀兵必勝的優點；而樂觀思考者則應發展策略性樂觀，把樂觀轉化成目標行動導向，以取得致勝的先機。

有挑戰才有振作

人需要有挑戰才會振作起來，如果我們隨著環境的變遷，樹立合適的工作和生活目標，而它又是自己能力所及的，那就能引發振作和創意，開啟新的機運。

沒有具體的新目標，就無法振作新的士氣。

一個麵包店的負責人談起工作乏味辛苦，每個月的營運情況連維持收支平衡都有困難。他把營運的困難、客戶減少的危機等困境全盤道出，問我該怎麼辦？我說：

「提振士氣。照你的情形至少得提出三個具體的子計畫：提升產品品質，研發新口味的麵包，以及增加顧客人數。」

「前面兩個子計畫沒有問題，但第三個很困難。」

「要增加顧客人數，你可以走社區主義，參與社區活動，幫忙附近學校進行一些烘焙的教學，結更多的緣，讓更多人知道你們能做出好麵包。同時要把你的商圈往外擴大一些，這可以透過廣告或其他促銷手段來達成。這些都需要具體的規劃和行動。」

他聽了建議之後努力去嘗試，想出更多實際可行的點子，不但士氣提振，幾個月之後，也拓展了漂亮的業績。

我們生活在無常的挑戰之中，如果能把心照顧好，就會有好的精神力。若能善用策略性樂觀和防衛性悲觀，則能提振士氣。如果能提升行動計畫，就能有效克服難題，獲得新的成就。這是面對無常，保持振作的道理。

貳

在變動中求生存

生活本是一件艱辛的事，
要面對一連串的變動，
每一個變動都帶來痛苦，
然而消除痛苦的方法不是躲起來，
而是去面對它、克服它或超越它。
在克服它的同時，
智慧和慈悲的襟懷，
同時得到增長。

我們生活的環境不斷在變動，往往才剛解決一個困難，另一個挑戰便接踵而至。無論是工作情境或生活遭遇，總是在考驗你，因此難免會發生挫折、困難和意外。所以說生活和工作本身就是無常。

對於突如其來的變動，有些人抱持阻抗心理，不願意接受它、面對它，甚至有些懼怕和壓力。人如果克服這層心理因素，願意面對眼前的現實，就能冒險犯難，有信心解決問題；相對的，如果養成退縮和防衛的態度，對於新的挑戰只會逃避，不敢冒險創新，始終株守舊原則，不但會鬱鬱不樂，還會錯失許多發展的新機。

越是懼怕改變的人，越是強調無常的消極面，甚至把整個人生歷程解釋成無常，無法控制，陷自己於無助的狀況。他們放棄人生，轉而寄望於另一個世界，這會造成「斷見」，是佛陀所不希望看到的。真正的真理是在現實生活中不斷覺悟，清醒覺察，發展慈悲和智慧，而不是執著在愚迷的心結或繫縛之中。故云：

不起諸漏，

心正解脫。

生活本是一件艱辛的事，要面對一連串的變動，每一個變動都帶來痛苦，然而消除痛苦的方法並不是躲起來，而是去面對它、克服它或超越它。在克服它的同時，智慧和慈悲的襟懷便能同時得到增長。為了有效面對種種變動和挑戰，以下提出幾個關鍵性課題加以討論。

不要怕變

你必須先有心理準備：生活就是不斷接受變局的考驗。人可能意外受挫，可能忽然失去健康或親人，也有可能調職或換工作，這是生活中很自然的事，你可先做這方面的預想或準備，但不可以終日懼怕它的到來，而陷入焦慮不安。

我們懼怕變動一般來說有兩個可能的原因：其一是怕未可知的未來，其二是怕苦。這兩者合起來，構成不安和痛苦。父母的天職是保護子女，但是如果採取無微不至的保護，令子女不受任何挑戰，不承受責任所帶來的痛苦，孩子便會漸漸養成「快樂是好的，痛苦和承擔是不好的」這種心態，因而削減其面對現實挑戰的勇氣。

如果父母親的愛是在培養生活的責任和能力，他們也讓孩子從現實生活的種種經驗中，了解受苦、挫折和失敗，是面對現實情境不可避免的事，那就能培養出子女勇於接受挑戰、有耐性和毅力去解決困難的能力。這些孩子比較能容許痛苦進入自己的生命，肯面對現實，而不逃避害怕。

從觀察中發現，越是不怕苦的人，越能從生活中得到樂趣，心智成長也越好。他們對無常的挑戰情有獨鍾，接受變動，不怕辛苦，才能找到真正的快樂。

事實擺在眼前，許多人在面臨生活和工作的挑戰時，顯得非常緊張和焦慮，甚至想逃避它。這該怎麼辦呢？對於憂慮傾向的人，我的建議是：

- 傾訴你的擔憂，把心中的懼怕說出來，有助於孕育面對挑戰的勇氣。
- 想像克服困難之後，就有全新的局面或好處。

- 停止焦慮的負面聯想，即刻放下子虛烏有的消極假設。
- 努力面對問題，能消除你的懼怕和焦慮。

生活中的變化如果把它解釋為挑戰，通常會振作起來面對，但如果解釋為倒楣，那就會消極頹廢下去。一位女士在獲知先生要調到國外工作，必須隨夫一同履新，她一想到要離鄉背井，生活在人生地不熟的地方，心裡便劇烈抗拒，希望能留在台灣。後來他跟朋友談起心中的憂心和懼怕，一位曾在國外住過幾年的朋友告訴他：「一枝草一點露，到了國外就有新的朋友，別擔憂太多。太陽從這兒落下，卻會在另一個生活領域升起。」

她終於硬著頭皮隨夫出國。到了國外，她很快就結交到新朋友，而且有機會在大學選修課程，學習第二專長財務管理。她說，「這次改變給了我全新的機會，發揮潛能，建立真正的自信。」

無常變化並沒有什麼不好，只要能篤定接受新的挑戰，生命世界的陽光隨處都普照著。

不可拖延

面對挑戰就必須行動。拖延會失去機會，浪費寶貴的時光。拖延的嚴重後果是耗損精力、感情和時間；接著是它會帶來懼怕、缺乏自信和堅毅，導致憂心、沮喪、酗酒或吸毒。面對該做的事，如果不立刻去做，不但會帶來壓力，還會抑制人的潛能和創意，從而衍生憂鬱症。

拖延阻擋我們在生活中想要達到的目標、意義和成功的喜悅。慣於拖延的人，不是只有懶就能解釋得清楚。仔細研究拖延者的行為，可以看出兩個現象：缺乏自信和怕受苦。很顯然的，那些拖延行動的人，都有能力不夠和怕失敗的基本因素。當然，拖延的結果更會造成信心不足、自尊低落和不肯負責的態度。

至於因害怕受苦而拖延的人，是因為在開始工作之後，會有許多壓力和不適的感覺，他們不願意承受這些痛苦，所以採取拖延和逃避。結果，越是拖延和逃避，越助長不肯承擔的惡習。

拖延看來只是一件平常小事，但它可以在心理層面上造成負面的效果。對應做的事不能及時行動，會引起自尊低落，造成消極的生活態度。以下幾個要領能促進行動力：

- 訂下具體的行動目標。含糊籠統的描述，不足以引發行動力，所以應拿出紙筆，列出該做的事，訂出完成的時間，並加以考核。
- 認真完成就好，不必要求十全十美。過度求好的人往往會拖延，乃至放棄。
- 可以把一項艱鉅的工作，分成幾個階段或步驟來執行，每完成一個階段，都能給自己帶來鼓勵，而易於完成全程的作業。
- 只要工作上了勁，就該一口氣把它完成，分心去做別的事，往往使拖延者故態復萌。

在變遷快速的社會裡，絕對不可以拖延新知的學習。拖延了報名，往往失去進修的機會，時間一過你就成為不具謀生能力的人。秀真常常對孩子說：「什麼時候該學什麼，就得打鐵趁熱，錯過那個時機，學起來就有許多困難和不便。」她就是這句話的實踐者，孩子們也從她身上學到寶貴的身教。

克服障礙

無論做什麼事，一定有障礙。這些障礙可能是工作本身需要新的技術來解決，你可以尋求合作或引進新的技術；只要肯研究，獲得別人的協助，就能克服問題。我認為，在變遷無常的社會中，最難解決的是人的障礙，特別是情勢變更，利益衝突，往往使原先簡單的問題變得複雜難解。這時，所需要的工具就是談判，懂得談判的人，往往是現代社會生活的勝任者。

不要把談判視為只有在政治上或商業上才用得著，其實，即使是在家裡要孩子做家事，負起該承擔的責任，都可以透過談判的技巧來克服障礙。比如當你對孩子說：「明天是星期假日，我們一起來打掃家裡。」

「我下週就要段考，愛莫能助！」

「喔！那麼明天我先做一部分，等你考完試再一起完成後面的。」在這種情況下，孩子通常會答應，而且答應得很爽快：

「你們就辛苦了，下星期我責無旁貸。」

別以為談判都在討價還價，高明的談判就像高手過招，很快能獲得協議。

這種談判是無形的藝術，在家裡或職場都應用得很普遍。

有些人想談判成功，採取威嚇的手段，徒然使彼此敵意升高，往往不能解決問題。比如父母親對孩子說：「每一次要你做家事都推三阻四，我不管你有什麼理由，今天上午非抽出時間來幫忙做家事不可。」

「不又怎麼樣。」孩子怒目而視。

「你敢不做，看我會不會揍你。」

這樣的談判即使孩子最後屈服了，在教育上還是徹底失敗。我認為談判有三個原則：

- 即使不同意對方的意見，也不能發脾氣。
- 希望對方怎樣對待你，就怎樣對待對方。
- 堅持你的目標，設法完成它。

談判的目的是在尋求實現目標的可能性，只要你做得好，許多矛盾就會化解，你所得到的會比預期的多。所以你需要耐心去了解事實，傾聽對方的處境，承諾一些替代性的滿足，你的目標就能達到。

處理危機

世事無常，危機隨時都會出現，因此沉著應付危機，是生活必備的能力。人生不可能沒有危機，例如經濟不景氣造成個人的失業是危機，突如其來的天災或意外是危機，婚姻生變也是一種危機。人無遠慮，必有近憂。有時，不清楚危機在哪裡，比不知如何處理危機更為嚴重。

應付危機最重要的是預做準備。先了解生活中可能的危機，防範未然，是最有效的方法。你願意帶領家人做防火演練、防震練習，發生災難時就可以迅速逃生或搶救，以減少損失。先想過災難來時如何應付的人，在災難現場顯得鎮定，應付有方。

其次是處於危機的現場時必須應付得宜。危機處理專家所列出來的主要守則包括：

- 先看清楚再行動，在慌亂中容易踏進危險的陷阱。
- 行動要盡力，危機不會自然退去。
- 尋求協助：任何災難或困境，都應尋求相關單位或專家給予協助。
- 無論事情多糟，要面對真實，保持鎮定。
- 危機之後，必須有一套復原計畫。

生活中常見的危機包括失業、重病、婚姻破裂等，只要肯預先防範，危機便可以減到最低。不過，平常如果能協助別人，那麼在你需要幫助時，別人也會義助一臂之力的。

人本來就生活在不斷變動的情境中，有層出不窮的問題要你回答，有許多衝突和危機等你處理。我們是在不確定的環境中討生活，必須鼓起勇氣面對它，並設法排除種種障礙和危機。這個歷程即是生活，也是幸福的來源。

參

在無常中取勝

懂得轉彎的人生，
才有好的前景；
懂得積極接受挑戰的人，
才有亮麗的未來。
無論是挑戰無常或善用創意，
要想在無常中取勝，
務必要保持輕安和悠閒。

生活在資訊時代，知識和技術的半衰期不斷縮短；製造技術推陳出新，產品的生命周期極短。由於產製過程改變，產品和市場也改變，緊接著管理和社會結構都會改變。所以我們要以動態的觀點，來看待經濟、社會、政治和文化。生活在這個時代，沒有人能脫離無常的挑戰。

你注定要在無常變化的現實社會中討生活，當然必須知道應變和圖存。無論在工作、理財、健康或教育子女上，都要有心理準備。準備的重點包括挑戰無常和培養創意。

就挑戰無常而言，由於職場不斷變動，以及生活適應的需要，你必須要有足夠的新知、機會、改變的勇氣和積極的態度。依我的觀察，一個被裁員而失業的人，往往因為所擁有的知識和技術已經超過了使用期限；要不然就是情勢變遷，其行業功能消失，或被別的行業所取代，才造成困境。

一個行業的消長，不是一天造成的，而是經過一段時間的改變。人若能不斷學習新知，涉獵新專業領域，假以時日的培養，在職場上就有新的揮灑空間。我觀察有遠見的科技人員，除了不斷參與研發和訓練之外，都懂得進修新的專長，或轉換跑道做管理工作。這些人隨著環境和年齡，不斷在調適自己，因此他們永遠是一潭活水。

其次是著重培養創意的人，能看出機會在哪裡。知識、技術和機會都有其限定性，創意則不斷衍生出新的點子，使人獲得更多成功的機會。以下就面對挑戰和開展創意，分別加以討論。

挑戰無常

任何變遷都是一種挑戰：消費者的觀念改變，對於製造業就是一大挑戰；金融政策改變，對於財務管理和經營也是一種挑戰。無論是工作或生活，種種挑戰接踵而來，願意接受挑戰，主動爭取回應之道的，就能成功。它的要領是：

- 透過合作學習，可以獲得更多資訊和新知。
- 警覺到情況已改變，順勢成長發展。
- 勿故步自封，避免自滿，才能未雨綢繆。

態度積極，保持樂觀，就能拓展新機運。

我們所面對的是一個多元複雜的社會，每一個領域都有其豐富的專業，掌握的資訊越多，越懂得怎麼回應變化；掌握的技術越先進，就能維持領先。因此，你必須與人合作，透過同心協力去完成目標。生活在這個時代，每個人都是許多團隊的一員，諸如家庭的成員、公司的職員、教會或民間團體的會員。個人與團體之間是合作、學習、互助的組合，個人與其他成員之間也是靠團隊精神，才能形成力量。

要應付無常的挑戰，你所參加的團隊必須是個學習型的組織，彼此分享那個部門的新知和資訊，互相激勵創意，形成新的經營策略。這是管理學上普遍的觀念。就個人而言，還有新的任務，例如要參加讀書會、研討會和進修課程等學習團體，透過這些活動，不斷增廣見聞，這樣才能趕得上時代。

其次是覺察改變，在了解情勢變遷之後，能針對實際狀況做回應，欣然接受改變。你的人生不會一成不變，而是必然面對變遷，做必要的調整。生活或工作環境的改變，你必須覺察得出來；時代趨勢改變，也要看清楚；甚至於自己的體能、健康、家庭的改變，也必須體察。發現問題，欣然接受它的挑戰，便是成功人生的要領。

人不能故步自封，在認清環境和條件之後，該改弦更張的就努力以赴，不容遲疑。每個人的一生，都是一連串不斷改變的過程。你可以採取漸進的方式，假以時日，長期的漸進也會累積為幅度很大的更張。

生活在變遷快速的社會裡，懂得轉彎的人生，才有好的前景；懂得積極接受挑戰的人，才有亮麗的未來。知足的心靈生活是好事，但安於現狀、缺乏危機感，誤以為無須再努力的人，往往是變遷社會中的輸家。

我常有機會與企業界人士交往，對於他們的敏銳應變，以及永無止盡的學習和研討，常感到敬佩。我請教一位企業界的朋友：「你怎麼有那麼多會要開呢？都是開些什麼會？」

「我喜歡開會！每次跟不同的人開會，都有新的收穫。有些會議是檢討業務，有些會議是激勵員工，有些則與外人閒聊，從而得知不同領域的經營步調。當然，我還參加學術研討會。像現在，我就很高興有機會和你聊聊，透過與各行各業的人交談，可以更清楚的掌控方向。」

此外，在生活調適方面，應變能力好、願意接受挑戰的人，心理健康和生活品質也比較好。他們不會逃避變遷所帶來的困難和挑戰，不害怕改變，從而有了重大的突破，獲得成功的人生。

善用創意

每個人都潛藏著豐富的創意和潛能，只要你加以經營，有效運用它，就會像泉水一樣流洩出來。創意是面對變遷挑戰的良方，人類透過它解決種種問題，克服生命過程中的困難，發展出今日的文明。

個人的創意思考由兩個部分構成，其一是過去累積下來的經驗、知識和見解。因此創意好的人，都很注意拓展並活化新知和經驗，形成敏銳的觸角，孕育創意的點子。知識和經驗越廣越複雜，潛在的創造力就越豐富。

產生創意的另一個因素是面對新的挑戰，接受難題的考驗，從而引發創意的思考。不過這個創意思考必須在安靜、自在或悠閒時，才會蹦躍出來。它往往在你上洗手間時，在睡眠之前的輕鬆時刻，以圖像或靈感的方式，出現在你的眼前。

每一個人都有創意，只是有些人懂得經營它、捕捉它，開發想過的點子，成為事業經營的理念和策略；有些人則任由寶貴點子荒廢，或者視若無睹，真是暴殄天物。善加利用以下四個要領，就能在變遷無常的環境裡，有效開拓創意：

- 拓展眼界，增加知識，有益於孕育創意。
- 接受挑戰，可以激發潛在的創意。
- 提供另類刺激，引發聯想，帶來創意。
- 抓住靈感，及時記錄下來。

首先你必須拓寬視野或眼界，吸收多方面的知識和經驗，予以活化而不死記。當你具足多方面的知識和經驗，在碰到需要解決的問題時，往往會產生遷移（transfer）或聯想，而出現新的點子。有時把兩個不同的經驗，交互整併而成為新的觀念，甚至用甲範疇的想法，去想像另一個新領域的創意。瑞士工程師喬治•德梅斯特拉（George de Mestral）有一天在森林散步，回到家時發現長褲上沾了許多刺果。他拿顯微鏡觀察，看到刺果上長了許多小鉤，鉤住布料纖維上的環。他利用自己的專長結合這個觀察心得，研製出人造鉤環扣，而成為一項用途廣泛的發明。

其次是接受挑戰，當面對問題必須解決時，自然會激發你的創意思考。如果你不答應為出版社寫一本書，就不可能匠心獨運，創造出內容和情節。據我所知，許多知名設計師是在接到訂單後，才激發出光鮮的靈感和想像。有時甚至被逼到最後期限，才提出他的創作。

其三，創意的點子無法自刻板的思考方式中浮現，更不容易在一成不變的環境中醞釀。一個新的經營策略，往往是在蒔花接木、閱讀一篇遊記或散文，甚至是在如廁時浮現。主要的原因是不同的刺激和悠閒，往往能引發新的創意。

其四是抓住你的靈感，這是捕捉創意最重要的一部分。我們在日常生活中，經常腦中閃過一些新點子，不過大部分的人不能及時把它記錄下來，等到忙完了眼前的事，想要去回憶時，它已經消失無蹤。因此，你最好隨時帶著紙條或筆記，及時記下你的新點子。不管是公司的經營，或對消費行為的新發現，乃至新的設計或文學創作，都要靠及時記錄來捕捉它。

人在與人談話、開會或閒聊時，有些原先想不出解決之道的問題，常會突然出現新的點子；但是它一瞬即逝，如果你沒有順手記錄下來，很快就會消失。遠流出版公司的老闆王榮文先生，每次與人談話總是備了一疊紙，很快地記下當時所聽和自己聯想的東西。我可以了解他為何能在文化事業上一直保持創意，隨著時需調整新的經營方向。

創意好，就能在變遷的社會中看出新趨勢，提出解決問題的方法。成功的契機在哪裡？我想那是創意，而不是命運。如果有命運，那也只是一時，時過境遷還是經不起挑戰；唯有善用創意，才是基業永固之道。

輕安與悠閒

無論是挑戰無常或善用創意，要想在無常中取勝，務必要保持輕安和悠閒。從實務經驗中，可以看出人類最大的心靈問題是不安，它不但抑制創意，打壓勇氣，還會斲喪人的心理健康。

輕安就能悠閒，讓我們更有腦力面對困難，能有條不紊地應付種種挑戰。有些人在參加競爭劇烈的考試時，會有頭皮發麻、四肢僵硬、不能思考和感受的情況發生，這是緊張過度所致。有一天清早我接到電話，電話那端一位母親緊張地求援：「我的孩子今天要參加學測，可是一早起來，緊張得頭皮發麻，好像什麼都忘了。」於是我在電話中教孩子做一遍鬆弛技術，很快他就回復過來，正常地去參加考試，考了個能真實反映他程度的成績。

又有一次，一個人急促地打電話給我：「我要參加技能競賽，已認真準備了好一陣子，但在比賽前的此刻，卻覺得非常緊張。過去我參賽時曾經因為發抖而差點就落選，這次我更害怕，該怎麼辦？」

由於很快就要開賽，我權宜地告訴他：「你把自己當成是一隻軟綿綿的舊襪子就行了！放鬆自己的身體，就像柔軟的舊襪子，你的注意力和精神都會清爽起來。請記住！深深吸氣，把全身脹滿，然後吐氣，這時想像你的身體就像一隻軟綿綿的舊襪子那樣輕柔。」

在電話的那一頭，很快就傳過來一個比較鎮定的聲音：「我現在覺得好多了。」

輕鬆有助於思考、工作和健康，它在危急時可以救命，在面對困局時可以產生創意。即使在臨終的時候，也要保持輕鬆，才能寧靜的走開，步上另一個存在的進階。

面對無常與變遷，就得接受挑戰，進而挑戰無常，這樣人生才會振作堅強。然而只有如此還是不夠，你必須要有創意，並保持輕鬆，透過這三個修持，生命才變得有活力、有創意和喜悅。這是在無常人生中的取勝之道。

肆

在艱難中一步一步來

只要有理想、有目標，
動機夠強，
意志力自然浮現。
有積極的意志力，
就能提振心力，
將注意力集中在該做的事和適當的應變上。
這樣就能堅持下去，
一步一步實現所訂的目標。

生活是艱辛的。尤其現代社會，凡事講求專業，牽一髮而動全局，做事必須有耐性、有步驟，否則很難把事做好。在高科技時代討生活，需要學習的東西真多；我們大部分的時間是在學習，在做中學，在求知觀察中學。學習也非一蹴可幾，而是得一步一步來。

每個人都有主動完成所做事情的自然意向。心理學家柯夫卡（Kurt Koffka）透過實驗證明，人有把未完成的事做完的天性傾向，他稱之為趨合作用。

不過我們卻看到許多人半途而廢，事情做了一半便把它丟開，以至於一事無成。我發現有些人一輩子都在開始，卻沒有一件事情成功。一位年老的父親說：

「我的兒子快要把我畢生的積蓄花光了。他出國留學幾年，沒有完成學業就回來。後來開了一家咖啡廳，照顧不好而血本無歸。接著與朋友合夥作生意，又告失敗而虧損。他只有開始而沒有結果，這該怎麼辦？」

「你知道他為什麼半途而廢嗎？」我問。

「他一遇到困難就放棄，所以一直都在開始。家裡也淨是些做了一半的事物，他一再試圖做些什麼，但結果終是放棄。你能告訴我，這是什麼原因引起的嗎？」我告訴他：

「半途而廢的人有兩種原因，都是後天學來的習慣。其一是怕受苦，他沒有勇於面對困難的習慣，所以一碰到難題，需要受點苦去完成時，就會停下來。其二是不相信自己會成功，遇到難題就手軟。你的兒子可能從年少時就很少負擔家事，承受該負的生活責任。此外，他的生活中一直缺乏成功的生活經驗，所以缺少爭取成功的強烈信心。」老先生頻頻點頭，說：

「我照顧得太多，這是問題所在。請問現在該怎麼辦？」我說：

「他明白自己不能貫徹始終的原因之後，就知道怎麼改變作風。他所需要的是一套堅持技術。」

不久，老人陪著兒子來晤談，我教他堅持技術，並指出「現在就行動」的要領。

堅持技術

人要有把工作做好的堅持，必須下定決心說服自己，要面對眼前的困難。

本來你想打退堂鼓，現在要設法改變自己，努力堅持，這需要說服自己改變心意。剛開始的時候會有阻抗的心理反應，抗拒新的行事風格，這時猶豫、想耍賴都是正常的反應。只要能堅持下去，就會進入第二個階段：認真考慮問題在哪裡，準備怎麼做，步驟如何等，具體的想法會漸漸浮現在腦際。你最好拿起筆來記下它，做個行動計畫。為了保持積極的態度，建議你看一些激勵士氣的書，並保持生活作息的正常。

接著就會產生行動，這時你要步步為營，堅持下去。你的堅持技術就建立在行動計畫上，它包括：

- 把要做的事列出來，並安排工作時程；對於每項工作需要的時間和工具，要切合實際。許多人把時間安排得太急，容易失敗，而再度萌生退意。
- 一步一步去完成，強迫自己先完成簡單的工作，有助於發展貫徹下去的意志力。一口氣想要完成一切的急性子，後繼力會不足。
- 保持良好的心力做事，不要硬撐。當你的精神力不足時，就要稍做休息，才容易培養出好精神和動機。

●只要你把握「現在就做」的行動，幹勁就會被挑起來，督促、強迫自己做該做的事，能振奮精神。

我自己採用這套堅持技術，相當有效果。因為我的工作很忙，要想持續寫作，就必須有一套方法。當我把寫作一本書的目標訂好之後，便隨時注意蒐集資料，記下札記，作為思考和靈感的來源。然後，安排一段時間來寫作，每天有一定的進度，但絕不貪多過勞而造成精神疲乏。就這樣一步一步寫下去，堅持技術總是發揮作用，完成一本又一本的作品。

善用意志

每一個人都有意志力。只要有理想、有目標，動機夠強，意志力自然就會浮現。不過我要特別指出的是，意志力不是天生的，而是後天學來的，所有人都可以學會這個寶貴的精神力。

一位責任感不足的父親，把養育孩子的責任全丟到太太身上，他酗酒、賭博、游手好閒。有一天，念國中的孩子冒著大雨打工回來，很婉轉的告訴父親：

「爸爸！我們是一家人，本來就該彼此相愛扶持。可是今天的局面卻不是這樣。你因為失業而酗酒、賭博，媽媽卻為了家計而做粗重的工作，勞累過度而生病。弟弟和我都還在上學，希望有機會成長。我知道你愛我們，卻見你終日陷在沉淪的泥淖，我開始有些害怕，但也強烈希望我們有個正常溫暖的家。你可以去找工作，可以為家裡帶來生機和希望，我願意幫助爸爸，只為了我們有個溫暖的家。爸爸！我愛你。」

一個被初冬的大雨淋得溼透的青少年，凝視著拿酒瓶的父親，說出對爸爸的愛和對家庭的希望。這動人的一幕和孩子的心聲，竟然像陽光一樣，灑進了父親的心靈世界。他重複地問孩子，「你說什麼？孩子！你說什麼？」孩子噙著淚水和雨水說：「我愛你，我們必須一起來。」

這位父親下定決心不再賭，不再喝酒，也開始去打零工，努力振作自己。他後來告訴我說：

「有多少次我朝著賭場走去，它好像在召喚我，能給我溫暖和希望。但孩子被大雨淋得像落湯雞、站在門口呼喚的那一幕，卻又讓我轉個彎，回到家裡，準備第二天再去工作。每一次想去沽酒來喝時，孩子的呼喚就會浮現耳際，於是作罷。從那一天起，我有了意志當一位盡責的父親。」

意志力是一種積極向上的動力，它能克服人的惰性，並形成一種堅持的力量，讓一個人完成應該完成的使命。我認為能引發意志力的條件是：

- 需要一種感動或使命感，下定決心去完成目標。
- 培養健康的自尊才會有意志力，它包括信心、信念和信仰。
- 意志力不會一開始就產生，而是行動上堅持，才真正豐沛了它的力量。
- 保持合理的目標，實事求是，才會有耐性站在起跑點上往前行。

生活在變遷快速的社會，有積極的意志力則能提振心力，將注意力集中在該做的事和適當的應變。當你遇到些許挫折時，想像一下自己是一個有意志力的人，這樣就能堅持下去，一步一步實現所訂的目標。

不當工作狂

如果你是一個意志力強，能把握堅持技術的人，當然可以有始有終，把事情做好。但凡事過猶不及，如果你每天都像拚命三郎一樣工作，一心一意要把工作做完，不做好就不休息，那麼生活會變得太緊張，失去樂趣和彈性。

在工作上過於執著，不完成不罷手，連星期假日都埋首於工作，永不舒緩下來，這就變成了工作狂。這種不捨晝夜為目的、效率和利益工作的人，會失去休閒，失去家庭生活的幸福，更會失去健康。當強烈的工作動機漸漸主宰人的生活時，生活和工作的重要順位顛倒過來，生活品質便開始下降。

工作狂的人如果配上性子急，那麼緊張、急切和人際衝突就會經常出現。那些認真工作、缺乏幽默感和急於挑剔的人，在婚姻和親子關係上，很容易出問題。一位一年到頭埋首於工作的男士，有個富裕的家庭和發達的事業，但孩子們得不到父親的愛，缺乏家庭溫暖，結果三個子女都有了偏差行為，最後，連他的夫人也想求去。他很不以為然地抱怨道：

「我每天工作備極辛苦，作牛作馬建立事業，養活家人，沒想到會落到這般地步，上蒼怎麼這麼不公平呢？這年頭好人真是沒有好報啦！」我很同情他的處境，提醒道：

「不是好人沒有好報，而是你尚不明白怎麼當個好人。天天緊抓著工作不放，樂此不疲，卻失去了生活和家庭的幸福。趁現在還來得及，亡羊補牢，猶未遲也。」

這對夫妻聽取了我的建議，開始改變。他們練習判斷工作到什麼程度是值得的，什麼狀況是該打頓號或逗點。他們也漸漸警覺到打開生活的視野，享受人生的樂趣更是重要，家庭也就逐漸穩定下來。

適當的工作觀

在這忙碌的社會裡打滾，生活和工作若長期保持著競爭的狀態，我們可能會生病。一位壯年朋友躺在病榻中說：「我從來沒想過生命是脆弱的，人生是短暫的。這次住院給我很大的教訓，開始認真地思考這個問題：怎樣好好生活，而不致被工作折磨死。」

他以懺悔的口吻傾訴：「事業越做越大，業務紛繁，責任加重，我責無旁貸。加上成就感帶來的虛榮心，則使自己更陷於捨我其誰的自大。今天，我到鬼門關走一趟，幸好上蒼還留給我機會，我要調整生活和工作態度，珍愛生命之旅的可貴。我決心要把未來的日子過好。」

幾天後我又到醫院去探望他，他很高興地與我分享他的反省心得。他說：「經過一番檢討，我漸漸明白正確的處世態度。」接著他告訴我幾個新的生活信念：

- 不掉入自我中心的陷阱：以後一筆生意沒接上，一次開會遲到，不再把它看成是世界末日那麼重要。
- 清除憎恨：學習寬恕別人，不把別人所造成的不便放在心上，污染清淨的心。
- 不嫉妒別人：懂得分享其他人的成功和喜悅，知道自己何等幸福而值得珍惜。
- 懂得自我解嘲、充分休息和維持適當的運動。

●珍愛人生：保持感恩的心態。

聽完這位老友的新生活信念，我自己有了很深的領悟。他對生活態度的改變，以及對人生的摯愛，給我上了最具啟發性的一課。從那天開始，我更珍惜人生，熱愛生活。我非常感恩這位友人，他們把最寶貴的發現與我分享。

人生當然值得憧憬和實現，無論在生活或工作上，總有自己的理想和目標。為了實現它，就得培養意志力，一步一步去開展。不過有些經驗可以透過別人的分享而習得，有些經驗和智慧只有在自己一步一步的磨練中，才能領會箇中的真諦。

伍

善用彈性思考

每一個人都是自己人生的管理者，
在經營其生涯時，
不得不面對無常。
有無常就有變動和痛苦，
有無常當然就有新機，
有無常你的智慧才會開啟。
只要你肯思考和面對，
生命就會變得充實豐富。

無常的生活際遇，逼得你不得不放下僵化的思考，改變執著的觀念，重新檢視現實，做出正確的決定和行動，這便是彈性思考。

環境是無常的，智慧正是面對無常的工具。人要先承認生活的無常，會隨著環境的改變而改變。順利不可能永遠留在那兒，成功總會成為過去，豐收也僅僅這一次，如果不重新思考，而一直套用原有的方法，時過境遷，原來的想法就不管用了。

承認無常，接納無常，多用智慧思考，把事情看清楚，才是生活的正確態度。一次我訪問一位教育家，她曾在不同的學校擔任校長，辦學績效卓著。我請教：

「許多校長覺得現在要推動校務很困難：學校的組織管理改變，教師和家長的意見多而分歧，學校行政權失去權威性。面對這些難題，妳如何推動校務，把學校帶得有聲有色？」她笑著對我說：

「就是你所謂的無常嘛！時代在變，環境和潮流不斷在變，辦學的方式、行政的領導，也都要做些調整才行。用心觀察，做一點調整，就會有新的動力，帶動大家努力辦好教育。」我接著請教：

「我很好奇妳是怎麼調整的，從哪裡調整？」她說：

「先從觀念調整。校長自己必須先接受無常的現實，時代不一樣，家長和老師的要求也都不一樣，得誠心接納新的情境，動腦筋想出解決問題的方法。我不會以古非今，也不會怨天尤人，更不會慨嘆今不如昔。我要做的事是面對現實，想辦法把教育辦好。」她以肯定的口吻說：

「任何人都一樣，要把事情做好，就得先接納眼前的事實。接納它，看清它，才會有效經營它。我知道學校老師有較多自主性，家長也有許多要求和建議，但大家都是為了下一代好，為了使子女受更好的教育。找到這個重心，帶動大家一起思考，就能把教學風氣帶起來。」我問：

「妳是說帶領大家一起思考，就能創造出好的效能？」

「當然，必須校長本身就是一位好的思考者和行動者，否則學校經營就失去主導的動力。」

我跟她談了許久，覺得她能思考，勇於面對真實，主導新的方向而形成共識，令人相當敬佩。跟她一席談，聯想到管理學大師柯林斯（Jim Collins）的一本新著《從A到A+》（*Good to Great*，中譯本遠流出版）中提到：「一個卓越的領導人，兼具了兩種矛盾的特質：謙沖為懷的個性和專業堅持的意志力；他們當然雄心勃勃，但一切雄心是為了公司，而非為了自己。」

管理工作的精英，最擅長的就是在無常變動中思考，他們能在無常的變化中，找到一條有效穩定的成長之路。相信這位校長正是管理工作中的好手。

每一個人都是自己人生的管理者，在經營其生涯時，不得不面對無常。在事業上無常，在健康上無常，在感情和友誼上無常。有無常就有變動和痛苦，有無常當然就有新機，有無常你的智慧才會開啟。當然，正因為人生是無常變化的，因此只要你肯思考和面對，生命就會變得充實豐富。在無常中思考，有幾個層面值得我們留意。

在無常中汲取教訓

一次我為企業界的中級主管上課，課堂中我解釋社會變遷和調適的過程，話題一轉就提到無常。我指出：「無常是我們每一個人的老師，透過無常的洗滌，我們更能從中得到啟發，開啟生活的智慧。」接著我丟給大家一個題目：在面對無常的考驗時，你曾經得到過什麼啟發。經過一段時間的討論，我們歸納出重要的心得是：

- 成敗順逆是無常的，它們模稜兩可，很難一眼斷定。問題關鍵在於，你能否從中取得寶貴的啟示。
- 在職場上工作，你未必能一直受到賞識和讚美，如果你受到批評，是否能在被指出問題之前，就先察覺到怎麼解決它。
- 經歷越多無常的挑戰，只要肯清醒地思考，就能累積更豐富的經驗。
- 別以為工作時間長，忠誠度夠，就是一位好主管；要注意績效，它代表應付無常挑戰的實力。
- 獨善其身認真工作，是傳統教育的美德，但在變遷快速的社會中，如果不懂得與人合作，不能在人際關係上互相支持，這項美德也可能變成頑固或團體動力的障礙。
- 工作計畫的流程往往會受到偶發事件干擾，管理者必須有腹案，以備不時之需；不能照顧無常變化的工作者，經常會因小失大。

- 個人的行程安排固然重要，但要考慮現實而加以調整，不要讓自己卡死在行程表上，失去應有的彈性。
- 在無常的社會中，人的信任或信用很難培養，所以要堅持不去犯罪或做不正當的事，否則會讓你失去全部的信用和信任。
- 公司有可能重組，你要爭取成為裁員小組的一員，這能讓你更清楚實況，保障自己的權益。
- 無論怎麼無常變動，有成就的人通常是樂觀、勤奮和有興致的人。
- 在無常變化的社會中討生活，順利時要把握機會，失利時也要懂得沉潛進修，待機復出。
- 生活在現代社會中，必須知道自己能做什麼。要用自己的能力、興趣和條件，不斷去延伸、成長和學習，否則很容易被淘汰。

與一組有實際工作經驗的中級主管討論無常與工作的關係，列出許多發人深省的經驗之談，每一個人也都在討論中受到不同的啟發。相信以上所列的十二條，對你而言，肯定也有參考價值。

每一個人都注定在無常的人生中汲取寶貴的經驗，去創造較好的生活，培養喜悅的心境，在自己的家庭、事業和生涯上做美好的實現。你要多參與、多看、多揣摩學習，就會成為一個幹練成功的人。經上所謂：

諸行無常，

是變異法。

要用智慧去照見生活世界裡的不確定性。就生活的層面來看，要從執著和成見中解脫出來，才能用智慧去面對眼前的種種挑戰，而不再陷入困境和煩惱之中。就生命的終極意義來說，生命也是無常，它會慢慢衰老、死亡，它也是不斷變化的。人就靠著智慧，超越了生、住、異、滅的執著和鎖鏈，向前發展和成長，讓有限的生命躍升到另一個存在空間，那就是出世間法所謂的往生。這兩件事情，都建立在對無常的覺悟上，那就叫「慧解脫」，是透過智慧的開啟，讓我們超越無常，獲得今生的幸福和永生。

在無常中承擔

人與人之間的相處，難免意見不同，看法不一，利害衝突，所以人際關係變化無常。今天是同學、朋友，明天各自為不同公司效命，利益衝突時，不免會劍拔弩張；今天兩人海誓山盟，發願結為連理，不久則因個性不同，衝突時起，漸行漸遠，甚至分離。

同事之間為了工作的分配或立場不同而翻臉；親子之間為了意氣爭執，鬧得怒目相向，彼此交惡；鄰居相處，生活有了變動，干擾到別人難免，處理不好，可能以暴力相向。每個人在生活中當然要懂得自愛，自我節制，為別人設想，但生活情境無常，你得學會包容和承擔，否則任何瑣碎小事都會干擾到你，產生煩惱，引起憤怒和不快。這樣就無法集中心力，面對生活與工作中重要的事。

人如果把小小的不方便視為忍無可忍，要與對方理論和爭吵，要弄個是非分明，那也就無心學習和成長，沒有心力去面對有價值的挑戰，那就叫因小失大。別以為氣量大的人都不會被瑣事打擾，其實他們跟我們一樣，會有些不舒服、不方便，但他們不會為瑣事心煩，更不願在那上頭花大把時間。

有一次，一位小姐找我諮詢，她說：「我的上司很不公平，他派給我的工作比別人要多，要求也嚴，好像對我有成見，存心整我，我該怎麼辦？一直忍下去嗎？或者跟他攤出來說清楚？」我告訴他：

「妳要把不方便和困難分清楚。上司給妳的工作較多，可能是欣賞妳的效率，當然也有可能故意多分給妳一些。但妳要看清楚，如果那只是增添妳一些不便或負擔，而不是造成妳工作上的挫敗、身體健康的傷害，那應該承擔它，不必介意。多做點事，多一些歷練，辛苦一些又何妨？現在我請問，所遭遇的事是不方便或困難？」她想了想說：

「你能否多解釋一下不方便和困難的不同？」我告訴她：

「妳若弄斷了骨頭，目前失業又沒積蓄，房子被拍賣了，諸如此類，我們稱為困難；至於有些不滿、氣憤和小障礙，就是不方便。生命本身有許多無常，當然就有許多不方便，有一個個不痛快的障礙。學習把真正的困難和不方便分開，放下那小小的不方便，妳就會變得快樂，工作和生活的效能都能提高。」她笑著說：

「看來我的問題只是不方便，不是大困難，只要承擔和包容它就行了。」

思考的障礙

我們必須用思考來面對無常，但是思考是一件不容易的事。我們很容易因個人的麻木和執著，而不做思考；也很可能半途而廢，沒弄清楚就率性從事。依我的觀察，自廢思考武功的人通常是：

- 不願意花時間去想；沒有具體的資料做佐證，不願意記下自己的靈感；或不肯請教別人，與別人討論。
- 拒絕學習新知；不讀書、不參訪、不旅行，會令自己的心智發展營養不足。
- 不專心思考；每當你坐下來想工作時，瑣碎的事即刻打岔，它妨阻你專注思考。
- 草率把未經求證的點子當成具體的計畫去做，就注定帶來失敗。

●凡事猶豫不決，或對自己的見地沒有信心，這使人陷入長考而缺乏切實行動的實踐策略。

現代社會變遷快速，生活本身就是一場面對無常變化的硬仗。當然，你必須有豐富的新知和經驗，作為思考和行動的後盾，但更要知道調整心態，對每一個新的遭遇都必須有清楚的思考和決斷，才能有正確的回應。

陸

活潑生動的一課

學習是在無常中進行的，
無常代表非限定性；
它能在任何場所、時間和方式，
與任何不特定的人，
學習不特定的事。
只要你沒有成見，
沒有自卑和自大的執著，
就能有信心和自由，
去學習任何新知。

在無常變化的現實中，必須學習更多解決問題的能力，才能適應生活。生活是不確定性的，要面對諸多不同的挑戰，就不得不隨時隨地學習。

一般人常刻板地以為學習就是進學校，參加訓練課程，自書本或教材中汲取新知。其實，在日常生活和工作中，處處都可以學習。學習也是無常的，它沒有一定的方式、教材、地點或時間，隨時都在進行。只要你隨機注意傾聽和觀察，就能引發新的思考和發現，有時現成的知識會直接呈現在你的眼前。所以佛陀說：

識無常，想也無常。

只要敞開你的心，放下成見和偏見，專注地接觸周遭的一切事物，你會從中得到新知。尤其是接觸人的時候，只要你能真誠、尊重和傾聽，有趣生動的故事和啟發，就會帶給你寶貴的見識和新知。

學習心理學家告訴我們，生活中實用的知識和能力，大部分是從人際互動中學習得來的。善於學習的人，透過人際互動、傾聽和同理，不但能豐富情緒和情感，見識和視野也得到拓展。從人際互動中學習，有以下幾個優點：

- 有趣而具啟發性，能增加生活的視野。
- 它實用易學，在不知不覺中吸納別人的優點。
- 可以獲得個人生活和工作以外的經驗，讓你更懂得人生。
- 它給予我們豐富的常識，有助於判斷和學習新知。

從人身上學習見識、態度和經驗，當然不是照單全收，而是在了解別人之後做了反省；有欣賞也有檢討，有認同也有保留，它成為個人判斷、思考和生活態度的參照資料。

發掘豐富的寶藏

向別人學習必須是謙虛的，懂得支持別人，肯定他，欣賞他。當別人說話時，要全神貫注的聽，要重視他的經驗和見地。展現熱情，相信對方有高明的見解，別人就會把高見告訴你。

每一個人都有獨特的人生經驗，都值得你了解和學習。只要你鼓勵他說出來，重視他所說的話，他就會與你分享寶貴的生活經驗。他的閱歷也許是一場悲劇，是一段錯誤或迷思，無論如何，仍然可以帶給你人生的啟發。透過分享生活和工作中成功的經驗，只要你保持同理和欣賞，就可以不繳學費而學到許多寶貴的見識。

自卑和自大使人失去向別人學習的機會。這兩種人都缺乏信心，與別人接觸時心裡總覺惶恐，深怕別人會怎樣品評自己，從而提高自我防衛心理，產生對立和敵意，這時友善的氣氛不復存在，學習和交流之門自然封閉起來。

我年少時，有一次父親邀請多位商場朋友到家裡作客，他們大夥兒圍坐一桌，也邀我一起入席。在座的都是成人，事業有成，因此我心裡既惶恐又自卑，於是伺機溜到廚房去幫忙，不敢出來接待他們。父親看到我開溜，就過來勉勵我回席。我很為難的說：

「你們都是大人，我不曉得怎麼跟你們說話，所以覺得很不自在、很尷尬，還是饒了我吧！」父親卻執意要我回桌一起進餐。他說：

「你安定地坐下來，邊吃飯邊聽他們交談，就像在聽故事一樣，洗耳恭聽，表示有興趣就可以了！」我擔心地說：

「我不知道怎麼答腔，如果他們問我些什麼，接不上話時不是羞死了。」

父親說：

「你只要在他們的話題中，找問題請教他們，他們就會越講越起勁。比如你請教他們：你做過最得意的買賣是什麼？你遇見過最難纏的顧客是怎樣的？凡此種種，只要你表示敬佩欣賞，對方就會有興致地述說，不致陷入他問你的窘境。」

我熬不過父親的堅持，只好回到餐桌上陪他們用餐，同時把父親臨危授命的技能做了靈活的運用，在那次餐會中領會到鼓勵別人說話的好處，整個飯局顯得熱絡有趣。我原先擔心長輩會考問我的惶恐，很自然地消失了，相對地，我聽到許多商場上的故事，這對我後來待人接物及處世上，有很大的幫助。

人透過與人交往，可以學到很多知識、經驗和能力。與人交往必須誠心，懂得向別人請教，它的要領是：

- 以對方為中心，容易帶來好的交談氣氛。
- 請教你適合問、對方能回答的問題，這能使交談投緣。
- 多聽、多支持，營造賓主盡歡。
- 彼此同理，能令交談持續不輟。

如果能運用這些技巧和原則，與他人交流溝通自然順利無礙，保證能從人際間學到珍貴的經驗和見識。

抓住機會聆聽

聆聽別人生活或工作的經驗，是寶貴的另類學習。只要你敞開胸懷迎向別人，願意聽，仔細分享他成功的喜悅，就能分享到他的經驗。別以為只有在研習會、討論會等場合才能得到新知，有很多觀念和點子，是在與人邊走邊談、有說有笑中，領受完全的豐收。

學習是在無常中進行的，無常代表非限定性；它能在任何場所、時間和方式，與任何不特定的人，學習不特定的事。只要你沒有成見，沒有自卑和自大的執著，就能有信心和自由去學習任何新知。所以《雜阿含經》中說：

當正思惟，
觀識無常如實知。

二〇〇二年六月，我應邀赴加拿大溫哥華演講，當地佛光會顧問賴維正先生熱情邀我參觀他的商品展示場。他經營的各類禮品和日用品，琳瑯滿目，光是登錄的貨品就有幾千種，若細分則有幾萬筆。仔細參觀所陳列的商品，令人驚訝：他怎麼把這些細軟的東西，創造成一個大事業。我虛心請教：

「你怎麼來的靈感，把這些小東西串成一個大事業？」

「在工作中學來的，走到哪裡學到哪裡。作生意就是要多聽別人的心聲，了解不同人的需要：滿足顧客的需要，首先要懂得聆聽。」他邊陪我參觀，邊這樣對我說。

「你能舉個例子，說說怎麼聆聽消費者的心聲嗎？」我們正好走到陳列一件粉紅色蚊帳的展示台前，他隨手撥弄整理它，神采自信地說：

「就拿這頂蚊帳來說，歐洲、加拿大和美國的環境其實並不需要使用它，但是我聽到許多人抱怨睡不好，於是就在這件蚊帳上加了一則廣告：它能增加睡眠的浪漫氣氛。就這樣，這款蚊帳賣出二十五萬個。」

在輕鬆的交談中，我領會到賴先生的處處用心。我深感佩服的是，他打破許多成見，能聽到顧客的聲音。他是一位虔誠的學佛者，我相信佛法所謂的無常，正幫助他在工作、修持和生活中，展現出更多美妙的創意。

懂得透過無常去觀看生活中的種種現象，你會學到很多，對於已經有的知識和技能，也就因為它無常而變得謙虛和用心。

別追在後頭跑

我們固然可以從別人身上學到許多東西，但是別人使用的工具未必能解決你的問題，他人的成功經驗也未必完全適合自己的需要。時過境遷，世事無常，我們不能期望撿現成的來用。

我們從別人那兒聽來的只是資訊，它能帶來啟發、思考和創意，但不是屬於自己的創意和知見。向別人學習絕非跟在他人的屁股後面走，而是透過學來的東西，引發自己的獨立思考和判斷。

從別人那兒聽來的是資訊而不是知識，未經思考和知識化的資訊，既無實用價值，又會產生自己懂得很多的錯覺。就如許多人說起話來好像很有見地，實際要他做事，卻又做不出什麼結果。

知識是有條理和結構性的，它能引發你面對現實，做正確的思考；相對的，資訊是非結構性和零散的訊息，它只是資料，不是工具。從別人那兒得來的資訊若不加以整理，就不可能成為你的知識和工具。

由於資訊科技發達，我們每天從別人那兒聽來的資料，把頭腦塞得臃腫不堪，但知識和理解卻被排擠出去，這是現代人要釐正的盲點。現代人渴求資訊，大家追著資訊跑，對它上了癮，但卻不能使自己成為真正有智慧的人。

眼見現代人喜歡知道名人的怪癖，政治人物的八卦，當今流行的時尚，但是如果每天從別人那裡聽來的淨是這些，充其量只是消息靈通，而非知識豐富的人。這些氾濫的資訊很快就會消褪流行，新的八卦話題緊跟著上演，它既浪費時間、浪費寶貴的生命，又把你弄得精疲力竭。

因此生活在資訊氾濫的社會裡，有必要過濾一些八卦和小道消息；要避免讓自己好像知道很多，而實際上卻空洞貧乏。從別人那兒得來的資訊，一定要經過知識化和結構化的處理，否則會迷失在資訊的大海裡。

為了使自己真正具有智慧，而不僅是消息靈通而已，我建議要多讀書，多學習結構性的知識：可以透過他人，學習如何進修、讀些什麼好書；如果能參加讀書會，那就很容易從書友中學到讀好書的訣竅。

最後要特別指出，想從他人身上學東西，除了要真誠傾聽，表示你的興趣，支持對方說下去之外，還要有幾分傻氣才行。你不怕出醜，才有勇氣與人交談；不擔心別人笑自己無知，才能在聆聽之餘有所分享和發問，從而使交談變得更加熱絡；你不怕出洋相，就能主動出擊，向別人請教。那些能不斷向別人學習新事物的人，都有一個特質：他們敢於嘗試。

把自己包裝得很在行的人，常無法親近別人，不能從他人身上學到新知；只有不怕洩漏自己無知底細的人，才能勇於承認無知，從而帶來學習的動力和機會。

我們該認清：人若想提升自己的智慧，必須先放下自我中心和怕露出醜態的心理，才有傻氣向別人請教。就我所知所聞，生平沒有這分傻氣的人，就不會像他自己所想的那麼聰明，因為他不懂得一切都在無常之中，想裝聰明就無法面對更多無常的挑戰。

柒

以簡單克服無常

一個人的工作態度越是簡單，
越能集中心力，
使思考更為縝密。
價值觀念越是單純，
越能以簡馭繁，
做出正確的判斷。
生活態度越是簡單，
心裡頭越不會糾葛打結，
而能清醒應變。

一個進步的社會，當然也是一個複雜和需要專業的社會，每個人都必須維持清醒和自由的心靈，才能對付紛繁的現實和挑戰。目前我們需要的是清楚的眼光，以及縝密的思考，因為複雜和紛繁是事物存在的本質。只要你想了解事物的結構，用它來解決生存的問題，就得有耐性面對紛繁。

我們不能忽視複雜和紛繁，生活中任何一件事，如果不願意仔細計算和分析，就會陷入困境，鑄成大錯。

一位朋友從事自力研發，他認為工業界裡普遍需要感測零件，但是花了許多年的工夫，始終沒有賺錢，最後債台高築，進退維谷，陷入生活困境。因為他疏於計算成本，對於所需要的設備和材料、安裝和加工的支出，未有仔細評估，只一味相信前途看好，舉債支持他的業務。結果花費遠超過他所能負擔，因此在精神壓力上，付出更高的代價。

把事情看得太簡單，疏於精確的考量，也會把前途葬送。

一位已屆中年的先生，多少年來一直醉心於當老闆的美夢，終於在四十五歲那一年，頂下一個店面，開始當老闆了。他把一生的積蓄投入還不夠，外加舉債來籌辦他的人生目標。但是他把事情看得太容易了，未能好好思考怎麼行銷，加上脾氣急躁且昧於管理，與員工人際互動差，造成流動率高，因此慘澹經營了半年，總是不賺錢。他將這歸因於運氣不好，然而，他失敗的關鍵在於把事情看得太簡單。

忽視問題的複雜性，的確會使人陷入困境，甚至萬劫不復。如果是這樣，我為什麼要提倡簡單的生活態度呢？我的觀察發現：一個人的工作態度越是簡單，越能集中心力，使思考更為縝密。價值觀念越是單純，越能以簡馭繁，做出正確的判斷。生活態度越是簡單，心裡頭越不會糾葛打結，而能清醒應變。

簡單能讓我們以簡馭繁，在複雜和變遷快速的社會中，篤定向前進步，有好的思考和適應能力。在智力發展上，我們因簡單的態度而能持續專注，吸收豐富的知識，讓自己更能幹。在道德上，我們因為單純的態度而能擇善固執，做出成熟的抉擇。在精神生活上，我們因為簡單的態度才能觀察無窮細微之事，領會生活的真相，從而得到自在感。

人生是一個複雜的過程，必須用簡單的態度承受它所帶來的衝擊和壓力。無論你的行業是什麼，只有秉持簡單的態度，才能運籌帷幄，致勝千里。無論你的命運如何坎坷或順利，只有以簡單的超然，才有慧眼看出它的價值和啟發。簡單才不會糾纏不清，心靈才不生障礙，所以佛陀說：

解脫結縛，
永不住顛倒，
能證得正覺。

簡單的生活態度孕育出堅毅的力量，能讓我們看清複雜事務中的真理。我很能了解梭羅（Henry D. Thoreau）為什麼要說：「我們的生命都給瑣碎事情浪費掉了。要儘量簡單，要儘量簡單！」所以簡單的態度可以用淨化自己來解釋它。

能夠淨化自己的人，不會用過時的情結來看眼前的現實，不會用偏見來解釋事物，不會為仇恨而把真實扭曲，不會為自我而忘了大眾，不會為成見而疏於對無常的覺察。要做到淨化自己，培養簡單的態度，要從以下幾個要領著手。當然，簡單的生活態度，也能孕育這四種特質：

- 練習專注：讓你的心不被瑣碎的事給困住。
- 欲望要少：多欲令你分心而失去寧靜和覺察力。
- 保持耐性：懂得運用等待的人，生活就能豐收。
- 學習輕鬆：身心放鬆可帶來更好的心力。

透過這四方面的練習，就能淨化自己，有更好的心力處理複雜的事物。

練習專注

練習專注可以領會到自我價值的存在，使自己面對寂靜時不寂寞，遇到紛繁的事待處理時，不會亂了方寸，因此而發展出簡單的生活態度。

簡單的生活不是要你去過田園生活，離群索居，也不是讓自己接受苦行，生活在鄙陋的環境，而是讓生命不浪費在無謂的瑣事和煩惱上。簡單與專注分不開，要學會簡單，就得從專注開始。

人在用心處理或思考問題時，腦中很容易浮現「該做的事」，從而讓你的思考中斷，甚至中輟手邊的工作。這種現象使我們無法逐一完成該完成的事。心理運作總是如此矛盾，當你專心要做什麼時，另一件事就會來敲扣你的心扉。所以青年學子才坐下來要複習功課，不到幾分鐘，就想起來要跟朋友打電話；才拿起筆來寫作業，就想到指甲還沒有剪。他們的心被瑣碎的事干擾，既不專心，也沒有效率。許多孩子在晚間東摸摸西碰碰的，最後卻一事無成。

要集中注意力，最好是關掉電視機，把該做的事列出來，告訴自己要在一定的時間內完成，那就能專注。這種專注也就是簡單的工作，簡單的作息。另一個辦法就是乾脆移師到圖書館的閱覽室，那兒規定不能交談，只要你肯待在那兒，自然就會專注起來。簡單其實就是專注。

你白天工作，業務很忙，晚上需要一段時間反省、思考或進修。如果可以保持簡單的生活，不被瑣事干擾，就能如願以償，認真的思想。

簡單的生活態度必須能耐得住寂靜，因為只有心靈寂靜，才能清醒思考。因此，必要時你必須寂靜，透過環境的安排，讓它降臨在你的生活中。請注意！你所需要回答的最重要問題，只有在寂靜中才能回應，原因是它提供了專注的條件。

簡單的生活態度可以令人集中心思。我一直奉行這個生活真諦，所以能專注的工作、寫作和休閒。有一次，我與一位盲人同胞共同欣賞梵唄音樂演唱，他坐在我的旁邊，要求我為他說明舞台、人物、服裝、燈光等等。他非常專注的聽，也問了許多詳細的問題。我因為他的引導，而變得更專注，更敏銳的觀察。那一天，我才真正的用心去聽，同時用眼睛去聽，那當然是豐收的藝術欣賞。

結束時，我們一起步出門口。他向我道謝說：「由於你的協助，我欣賞到豐富的表演。」我則告訴他真心的感受：「因為有你指導，我才知道怎麼專注的欣賞和觀察。」一個簡單的助人工作，引發了美妙的領悟。

欲望要少

個人生活的欲望越簡單，就等於在生命的行囊上減重，這時你比較容易有力氣登臨高峰，越過曠野，渡過海洋。讓你自己像是一葉輕舟吧，這能令你遠行；讓你自己像是一部省油的汽車吧，只要輕踩油門就能行經萬里。

欲望多的人容易分心，容易玩物喪志；為了維持複雜的欲望，會把自己累垮；有時還會是非不分，鑄成大錯。欲望多的人無法感受到滿足，心靈上存續著饑餓感。它使我們覺得空乏，失去喜樂，更嚴重的是，多慾使我們的生活陷入複雜和糾葛。

欲望與你要完成的人生目標有別。欲望是自己的享受和佔有的渴望，它是自我中心的，重點在為自己的私慾著想，常表現在自我需求上；而生命的成長和目標，是對生命所期許的意義與價值。欲望是為了自己，生命的意義是透過愛與智慧，去創造共同的希望。

於是，欲望越多的人，有越多的痛苦和不知足；希望越是明確寬宏的人，越能超越自戀所帶來的困難。欲望給人帶來執著和複雜的態度，它容易迷失於無常的現代社會；希望則能引領一個人變得寬闊和達觀，並從生活和工作中，不斷創造豐富的意義和滿足。

欲望少的人心靈比較自由，思考比較清楚。他們有著簡單的生活態度，所以有好的意志力，能堅持公平正義的原則，把事情做好。欲望多容易墮落，受到引誘，鋌而走險；希望高則能堅毅行事，創造幸福的人生。

保持耐性

生活簡單的人比較能保持耐性；有耐性的人必然是一個生活單純的人。耐性的第一個特質是按部就班，一步一步來。他們目標高懸，卻能步步為營，把一項目標規劃成幾個可行的階段，逐一去完成。然而，在實際人生的現實中，並非每一件事都能預先一一規劃，而是必須有耐心，一件一件來解決。有一次，我看到一對殘障夫妻帶著一歲多的幼兒，他們把孩子照顧得很好，我虛心的請教他們：

「怎麼照顧跌跌撞撞學步的幼兒？」那位母親笑著對我說：

「我在學步車上繫了一條帶子，孩子就不會脫離我的照顧。」

「孩子長大到會走會跑時怎麼辦？」我問。

「對我們來說，許多事情都很複雜、不容易。因此，除非遇到非解決不可的問題，否則我不會用預感的憂慮來看待它，我們會一件一件地面對並解決它。因為等到他會走會跑時，已經會聽話，知道怎麼避免危險了。」

耐性的第二個特質是心境平和。在生活中即使遇到障礙，會採取「等一等」的策略，不會急著發脾氣。保持優游的態度，可以創造更多生活的樂趣，不會因為趕不上車而生氣，不會因為一時的失敗而絕望。耐性使人的生活變得簡單，困難的問題變得易解。

有耐性的人身心健康，有耐性的人始終如一，有耐性的人能等待機會。更重要的是，在生活中耐性是創造悅樂、風趣和幽默的溫床，也是豐富生活感受的契機。

學習輕鬆

輕鬆使人寧靜，把許多複雜的事變得輕而易舉。

有一位朋友開車回家過年，路上車禍堵途，以致有一個多小時交通完全停擺。他開始不耐煩，開收音機又關掉它；打開行李箱，又把它蓋上；拿起報紙看看，隨即把它甩到一邊；他煩躁不安、嘆氣和抱怨。這時後面的汽車已排成長龍，進退不得，大家紛紛下車，伸伸懶腰。一位鄰車的駕駛年紀約在壯年，向他打了招呼。他的語調和笑容，露出真誠熱情：

「今天下午天氣難得晴朗，尤其是現在的涼爽和晚霞。」

另一個人接著說：「車禍堵途，強制我們輕鬆一下，欣賞冬日霞光。」

於是大家聊了起來，訴說許多交通阻塞的有趣故事，輕鬆地度過一個多小時，把急躁轉化為輕鬆的經驗，讓他終身難忘。這位朋友告訴我說：「從那天開始，我學會了保持輕鬆。」

輕鬆不只在應付急躁時管用，在遇到危急時還可以救命；在人際互動上，可以給人好印象；在處世生活中，令自己安詳悠閒。這一切都與保持單純息息相關。

生活在複雜、無常和變遷快速的社會，簡單的生活態度是孕育智慧、應付難題的妙方。簡單使人專注、單純、有耐性和輕鬆。透過這幾種心力，讓我們更有創意，更能做縝密的思考。

捌

保持心的平衡

我們的難題不是嚴苛的生活挑戰本身，
而是面對困境時如何維持心的平衡。
我們也不怕無常變化的考驗，
只怕心靈陷於狂亂。
保持平衡表示自己具備彈性適應的能力，
它是一種創意或智慧。

文明越進步，無常變化的因素越多，生活就越容易失衡。生活是個體與環境的互動過程，無論謀生、家庭、人際和感情等等，受到的刺激越多，變動的因素越複雜，造成心理失衡的可能性自然增加。

無常和不確定性是文明社會的特質，現代人必須學會適應無常，早做心理準備。在經濟和社會快速變遷中，人有可能失業，它是生活現象的一部分，如果知道怎麼應付這種壓力，心理就不會陷入失衡；人也可能碰上意外，把生活秩序打亂，如果知道怎麼適應它，就能維持心的平衡，東山再起。

掌握情緒在於心

生活的真正危機，並非來自挑戰或困難本身，而是心理失去平衡之後，跟隨而來的非理性態度和行為。每個人都可能面臨職場波折、疾病挑戰、人際困難、家庭和親情的衝突，但是只有當人的心失去平衡，任情緒惡化，想的和做的都逐漸脫離現實時，才會陷入痛苦和困境，讓心靈陷於狂亂。

一位性情孤僻的小姐，雖然受過很好的教育，但她的心情一直被憤怒和敵意啃蝕，發作的症狀就是對人咆哮，甚至賭氣不說話。連續不穩定的情緒影響了她的工作，於是在職場上不順心，與母親的衝突也最嚴重。她說：

「我恨透了她的囉唆，什麼都要管，我忍不住對她大發雷霆！」

「你母親令妳心煩？」

「我恨她囉唆，她挑起我火爆的脾氣，她常令我發飆。」

「嘮叨令妳心煩，或者有什麼事令妳煩心？」

「我知道她關心我，但她問東問西，老說我太孩子氣之類的話。我本來就心煩，這時會突然胸口發悶發脹發急，就會像火山爆發一樣，發狂起來。事後我會自責，既內疚又憤怒，一種強大的困擾和疲倦籠罩著我。」

「是母親的嘮叨促使你的心煩變成發狂？」為了釐清問題，我重複問她。

「是的，我的工作不順利，愛情也出了問題。母親的嘮叨令我一時失衡和發飆，第二天精神就更不濟。現在，我覺得整個生活都陷入困境，易怒、消極和孤獨，心裡有著恨和痛。」她像狂洩的大雨，聲淚俱下說出自己的傷痛，並懷疑自己罹患精神疾病。經過一段時間的交談，我告訴她：

「一時受挫而發飆發狂，那並不是一種疾病。如果累積多次，養成習慣，陷入惡性循環之後，才會造成精神病症。其實，妳是激怒的失控，對強烈的情感一時失措，而產生抓狂的情緒狀態。」她問：

「我怎麼改善眼前這種精神狀況？」我說：

「當妳受到挫折，生活中有新的變動，心理上就有了強大的壓力。如妳所說，會覺得發悶發脹發急，有如排山倒海的憤怒。這種內在情緒徵狀，除了憤怒之外，還有緊張、焦慮、恐懼不安、絕望或沮喪等等。對付這些內在的情緒徵狀，最好的方法是控制它，暫時不讓它發作，就能避免嚴重的失衡或抓狂。」她又花了很長的時間，傾吐自己在工作和感情上的遭遇，讓我更能了解她的處境。由於她一再重述自己的無奈和痛苦，也很想擺脫這種情緒失衡，於是我告訴她：

「嚴重的心理失衡，往往是過分誇大挫折或危險，令自己的思想和情緒陷入混亂。特別是在失去控制之後，就更容易擴大受挫的情緒。人在失控時就已經把問題擴大，情緒混亂則造成第二波擴大事態的嚴重性。因此，要學習自我控制，要區隔問題，把挫折看清楚：告訴自己只有這個挫折，其他方面都還蠻好的。就算妳在工作和愛情上不順利，但家庭生活、人際交往、學習能力、身心健康都是好的。只要妳能控制它，就不會擴大，不致讓挫折變成吞噬妳的海嘯。」

人要學會控制自己，就像駕車的人必須掌控好方向盤、煞車和油門一樣。保持平衡表示自己具備彈性適應的能力，它是一種創意或智慧。人的精神痛苦和煩惱來自無知，來自情緒失控後的非理性行為，《雜阿含經》上說：

無明者謂不知，
不知者是無明。

情緒的激動和低落只是一種壓力和痛苦，失控之後的瘋狂，才使精神生活陷於混亂。現代人的情緒普遍不穩定，動不動就暴力相向，夫妻吵架釀成命案，受不了諷刺而動武，經不起失業或挫折而沮喪、絕望，甚至尋短，這些都是情緒上的潰堤，精神上的瘋狂。

我們生活在高度資訊化的社會，周邊的生活環境不斷在改變，人與人的利害衝突增多，競爭和成長率壓迫著每個人。更值得重視的是，因為多元價值觀念和社會開放，人人享有自由和開放的生活空間，當民主和守法的素養不足時，人的社會生活必然存在著不安和擾攘。當你碰到挫折或困境時，請注意兩個重要處理原則：

- 保持自我控制，這能使你免於陷入心理的混亂。
- 把事情弄清楚，避免擴大困擾和恐懼，看清現實才知道怎麼面對問題。

保持自我控制

面對挫折或困境時，首先要自我控制，它的重心是控制情緒。每個人都該發展自制的能力，去抵抗焦慮、憤怒、沮喪和情緒耗竭的危機。你能克服這一關，就能避免旁生枝節擴大原來的危機，而使壓力減到最小。另一方面，自我控制能讓自己的理性浮現，也能帶來解決問題的創意。自我控制必須是一種行動，而不是一種想法，當你真的去做時就能產生效果。它的原則是：

- 認清情緒的徵狀，不要受制於它，照樣生活和工作，不要讓自己的生活失去常軌。
- 因挫折而引起的徵狀如煩悶、焦慮、憂心、憤怒等，不會造成什麼危險，只要你鎮定下來，它就會自然消失。放鬆心情，換個想法；透過運動、郊遊和旅行，可以幫助個人轉移注意。讓內心平靜下來再處理問題，就不會擴大消極面，而干擾正確的思考。
- 不可驕縱負面情緒，陷入自怨自艾，或一廂情願的憂愁；更要避免用傷害自己、自我放棄的想法，來引發別人的同情，用它來威脅對方。
- 認清生活的本質就是面對困難，不抱怨、不把責任丟給別人。心甘情願面對自己的遭遇，才是健康人應有的態度。

一位中年失業的男士，起先是為經濟生活擔憂，接著是自卑和羞辱作祟，又因為一連幾個月在家，好好的人不到一年時間，就成為憂鬱症患者。他對失業的打擊產生失控的現象。首先是受制於一種無奈和無助的情緒，覺得自己沒有機會和能力找到與原來職位相當的工作，而對於退而求其次的工作又不願意屈就，從而陷入無解的無助和沮喪，長期折磨下來，生活脫序，身心疲憊，而萌生尋短的念頭。他說：

「我看過醫生，病情穩定一些，但還是情緒低落。我無奈沮喪，每天都過得毫無意義。其實我也不想把自己弄到這般狼狽，你知道我有多痛苦嗎？我對什麼都提不起興趣，在日常生活中，總是擔心一些壞事情就要發生。」我說：

「別理會你的心情，無論是不安、惶恐、羞恥或憂愁，都不要理會它，重要的是保持生活和工作的正常。建議你去找一份工作，就算當送貨員都好，要把你原來經理的頭銜徹底丟開，重新面對現實生活的挑戰。你會在那裡發揮潛能，看出新的人生路。你是一位佛教徒，是個有信仰的人。你要明白，這個能接受不同挑戰的心，永遠保持它的清醒，沒有執著在過去擔任經理的面子上，而能清醒面對現實，能發揮智慧和對生命的愛的人，正是成就菩提道的關鍵。」

透過宗教教義的啟發，這位男士當天就許下諾言，要放下過去的職位和頭銜，做一個踏實的人。第二個星期他說：

「我已經找到工作，在一個朋友的店裡打工。自從上個星期決心捨棄自己的面具之後，就輕鬆起來。我會堅持做一個平常的人，努力去承擔自己的人生。」

他每個星期都來聽我講經，一個月後，又約了一次晤談。他告訴我暫時性質的打工，已經變為固定的工作，每天都保持運動，正學著控制偶爾泛起的消極念頭，偶爾能在生活中領受到令他開心的事。他說：

「我的心情好多了。你在講經時引用經文，要『對無常如實知』。現在我不但能控制負面情緒，而且漸漸學習對現實生活如實接納。在接納現實的挑戰後，我的心感到比較平衡。謝謝你的指導，讓我從心理困境中走出來。」

我必須再次說明，憂鬱症必須看醫生，如果同時增加心理和精神層面上的指導，就容易從困擾的泥淖中走出來。

把事情弄清楚

其次是把事情弄清楚。當人的情緒掉落到嚴重的消極層面時，會覺得厭倦，覺得活著沒意思。這時必須要弄清楚，那種活不下去的根源是情緒感覺，而非生活的現實。所以要學習把事情弄清楚。它的原則是：

- 凡事要依事實來判斷，不依感覺來判斷；用感覺判斷，容易掉入情緒的迷思之中。
- 如果思想正確，能務實處理生活中的問題，情緒就不會變壞。
- 把事情看清楚，並對生活負起責任；人越能為自己負起責任，付諸行動，就有朝氣和信心面對新的挑戰。

遇到挫折而陷入消極情緒時，一定要把它弄清楚，而不是跟著痛苦的情緒隨波逐流，陷入惡性循環中。建議你拿起筆和紙，自問自答以下幾個問題，就容易把事情弄清楚：

- 我到底為了什麼事在憂愁煩惱？
- 現在我在做什麼？準備做什麼？

- 這樣做有什麼好處？
- 我真正需要的是什麼？
- 我該怎麼做才好？

每個人的生存現實隨時都在變化，要面對無常，認清現實，並了解個人的極限。人必須承認，別人能做得到的，自己未必能做到；生活也不是十全十美，每個人都有其缺陷，不可喟然無奈，而是認清真實，予以包容。一位富有的企業家經過一段坎坷的打擊之後，事業毀了，身體因意外而殘障，卻能笑哈哈地在路邊擺地攤。記者問他：

「你怎麼能辦得到？」

「為了生活下去。生活就是這個樣子，要養家活口，心甘情願。」

我在電視上看到這段故事，非常感動。因為他不但創造過富有和發達，對於眼前的困境也能成功地應付，而且游刃有餘。他懂得保持心的平衡，其心靈成熟度令我敬佩。當然，也只有這樣，人才能在無常的現代社會中，活得生龍活虎。

玖

把握生活的不確定性

生活所面對的就是不確定，
當你想著它是失敗，
為它懊悔自責，
你就站在失敗的一邊。
如果你抱持著還有機會可以努力，
相信無常之中仍有許多開拓新局的契機，
那麼你就站在成功的一邊。

人生活在現實之中，因此，生存之道是面對真實，用沒有成見、偏見和僵化的心，去面對和適應問題。

心理疾病的產生，是由於當事人先預設「要怎樣」才心甘情願去生活，而生活的現實卻是無常，它變化不羈，於是有了強烈的挫折感和無奈。這是生活中痛苦、沮喪和壓力的來源之一。於是佛法教導我們：

大死一番，
再活現成。

生活是欣然面對現實，努力克服困難。如果你不肯心甘情願面對現實，執意抱持「應該這樣才是我要的生活」的態度，那麼生活就無從落腳，注定要把自己的人生架空，將使心靈變得困窘、焦慮、絕望和失落。

憂鬱症患者通常有著這種習慣，他們執著在要這樣才對，那樣才是我要的，最後沮喪無奈地潰敗下來。所以每一個人都該承認，生活是面對無常，樂於接受無常的挑戰和變化，這就是生存的本質。《雜阿含經》上說：

色、受、想、行、識無常，

一切行無常，

一切法無我，

涅槃寂淨。

人必須了解生活的現實性，不能等到合乎你的意思或條件時才願意生活，這樣無法活得好，活得高興。生活的真諦就是沒有選擇，處任何環境都得心甘情願去面對。

佛陀告訴我們三法印的真理。第一個是諸行無常，亦即你的生活和遭遇，是無常、不確定、不斷變化的。這就是自然，是生活的場景，你無從挑剔。只要有了挑剔，不喜歡它，不想面對它，就等於潰敗下來。所以《信心銘》上說：

才有是非，

紛然失心。

人生的任務就是面對和承擔自己的遭遇，看你有沒有智慧面對它、解決它，包容並欣賞它。

其次是諸法無我。你執意於我見，就看不清事理；只要有了自執，以自我的觀念去忖度事理、理會別人，就會有偏差，甚至連了解真實的自己和生命的本質都有困難。人唯有在沒有褊狹、摒棄自我中心的情況下，才能真正理解世事，了解人，認清自己。

你無須執意自己的立場、面子和尊嚴，它充其量只是一堆資訊結合起來的自我概念。「我」不是真正的自己，它只是別人對你的看法，以及你對自己的評價所形成的概念，它很容易令你意氣用事，障礙清醒的思考，造成嚴重的對立和敵意。人類的衝突、傾軋和暴力，都是從我執中衍生出來的。因為有我執，才會有這口氣吞不下去的恨和倔強；因為「我」不能被貶，才會把人際、婚姻和家庭生活搞砸。所以佛陀告訴諸弟子，切記「諸法無我」的真諦。

其三是涅槃寂淨，指的是心靈的無塵無染。讓自己的心安定下來，專注、清醒和覺悟一切無常的現實，才能做到遠離塵垢，把事理看得一清二楚。

這三個基本信念就叫做三法印。透過三法印，我們才能面對生活的無常，覺察它，做出正確的回應。佛陀很清楚，生活就是無常、不確定性，除了看清它之外，沒有別的方法。從生到死要面對許多無常，從世間的生存到出世間的一切，都要面對無常。面對它的方法是清醒、覺察和正確的行動，這條正確的路就叫修持。

有修持的人就不會懼怕無常，他們反而樂於迎接無常，在無常的現實中，表現其創造、友愛和無礙的喜樂。

生活的豐富和多采多姿，是由於無常。願意接納無常，在無常中開拓幸福的人，便能洞悉它蘊涵著無盡的寶藏；把無常看成威脅的人，懼怕它、逃避它，不能接受新的挑戰，從而成為生活的挫敗者。

無常賜給我們機會

大部分的人都有懼怕變動的傾向，因此對於學習新知、適應新情境，有著裹足不前的阻抗作用（resistance）。人有保持現狀的慣性，認為新的情境未可知，凡事一動不如一靜。這樣的人是保守的，他們畏懼挑戰，害怕無常。

事實上，無常變化是生活的真實現象。人若能面對無常，向無常學習和討教，從中汲取經驗，就能開發腦力和創意。另一方面，生存的社會和環境不斷變化，而非固定的宿命，這樣我們才有創造和追求幸福的機會；相對的，在生活之中，遭遇困難則是無可避免的事。遇到這種變化要正視困難，下定決心去面對它，學習、研究、設法解決它，困難一定會過去。面對困境時，最忌諱的是退卻，其次就是自責，這兩種態度合起來，就會為無可挽回的事哭泣和絕望，而忘了還可以找到新的出路。

生活所面對的就是不確定，當你想著它是失敗，為它懊悔自責，你就站在失敗這一邊。如果你抱持著還有機會可以努力，相信無常之中仍有許多開拓新局的契機，那麼你就站在成功這一邊。

一位高科技行業的工程師，很沮喪落寞地走進晤談室說：「我被裁員了，失掉原有的工作。我雖接二連三去應徵新的工作，都只幹了一個星期，就自動遞出辭呈走人，因為那些工作複雜，不是我能勝任。現在我失去自信，覺得被這個現實社會遺棄，我已憂鬱幾個月了。」看他絕望的樣子，我問他：

「你真的被社會遺棄？也就是說你任何工作都做不來？請想想看，面對失業，可有什麼別的路可走？回去進修好讓自己跟得上新技術？或者去做別的職務，努力適應新的生活？」他說：

「回去進修有困難；換個低職位則心有不甘。」

「所以你就心甘情願，任自己沮喪下去？請問這對你有什麼好處呢？悲傷是自憐的表現，你現在的絕望並不是因為被裁員，而是沉迷於自己的不幸之中。」

「那該怎麼辦？怎麼重新振作起來呢？」

「忘掉你以前曾經是技術部門主管。就像你剛從學校畢業時，沒有任何成見一樣，然後去找能做的事，學習適應它，在那兒成長發展。」他很專心地聽，所以我接著告訴他說：

「這是一個新挑戰，也是一個新機會。不要氣餒，不要傷心，而是抱著全新的信念去看待它。」他問道：

「我怎麼去除憂鬱和沮喪？」我說：

「去做你能做的工作，不讓自己失業，就能重新找到價值感和方向，精神就會振作起來。」

當人被迫離職時，不能把自己想成受害者，這會擊潰自己，以致生病；而要把它看成是一種新的挑戰，一個全新的目標在等待自己去發現。

面對無常要有信心

我們因為害怕失敗，逃避無常，而錯過許多機會。我經常有機會在國外演講旅行，接觸到許多台灣的商人，他們的事業經營得很好，家庭安定，子女長進。我暗地佩服他們勇於拓展前程，敢與無常一搏的精神。有一次，我請教一位在紐西蘭的台商吳先生：「你怎麼會千里迢迢的跑到這裡來創業？」他說：

「為了尋找機會，開展自己的人生和事業。當時，抱著冒險犯難的精神，鼓起勇氣就來了。經營事業不是一件容易的事，有許多困難等著克服，如果怕失敗就不敢來，沒有信心也不會來。」我好奇地請教：

「你怎樣培養信心，如何面對無常的變化？」他說：

「我不是天生有勇氣和信心的人，而是努力說服自己，改變自己的態度：把逼近的危險和困難當作人生的一部分，反正它到哪裡都會出現，在家裡坐著，也會找上門。既然如此，何不主動找它，並當作召喚我前進的指引。我一路經營事業，無常的變化提供了許多機會，相對的，也累積成功的經驗，讓我更有勇氣和信心去面對新的機會和召喚。」

我曾到大陸東莞旅行演講，參與台商們的座談，我發現他們有著一種健朗的心理特質，冒險和實現抱負的勇氣，令我敬佩和尊敬。在交談中我發現他們的信心穩固，仔細分析他們的言談，發現這些人具有下列特質：

- 他們有承認自己的優點和能力的習慣，對自己面對挑戰覺得有把握。
- 不斷充實自己，掌握更多資料，以求對各類問題都有所知。
- 溫和但堅持自己的意見：知道怎麼讚美別人，也知道適切的批評而不貶責。

有信心的人，比較能乘長風破巨浪；他們不怕無常，反而能在無常和危機中，發掘新機或找到轉機。

克服低潮才能應付無常

生活就是不確定性，挫敗或橫禍有可能突如其來，親人去世、重病、衰老或失業等等，會令人沮喪，也令人扼腕憤怒。突如其來的創痛，容易使人陷入低潮，感到心灰意懶，甚至自暴自棄。

這時你要強迫自己轉移想法，不要一直沉溺在憤懣和低潮之中，這裡有三個要領值得重視：

第一，維護心情：你在傷痛時當然可以大哭一場，哭有助於紓解傷痛。但在傾洩之後，要挺身面對生活，維持生活作息正常，保持每天運動，繼續人際交往，透過閱讀啟發自己的意志力。

第二，面對現實：想想自己手中所擁有的是什麼，從中尋找生活的目標，或者就業的打算。要斬釘截鐵地告訴自己：「我絕不再沉溺，要重新站起來。」

第三，鼓勵自己：人在陷入極端痛苦時，想要重新振作起來，著實舉步維艱。因此無論在維持生活正常，努力面對現實，保持與人交往等各方面，只要做到，就要給自己鼓勵。你可以在日記或月曆上記下它，讚美自己，肯定自己，並與你的朋友分享。

一位中年人因為失業而變得憂鬱，心情低潮。我建議並鼓勵他依以上三個要領，全力以赴。在第二次面談時，他說：「有一天我用了一個小時晨跑，接著帶著簡單的口糧去登七星山。雖然疲累蹣跚地回到家裡，但也省悟到難題不會自己走開。於是我承認挫折，也接納新的困難，決定心甘情願去面對現實。從那時起，我不再憤懣和沉痛，而重新站了起來。」

人生所要面對的就是不確定的未來，它就是無常。我們不能對無常的考驗感到無奈和沮喪，而應力圖站起來，從中學會經驗，得到更多啟發，而使自己更有能力面對無常的考驗。

無常是生命的導師，它給我們許多考驗，賜予我們多采多姿的生活，在每一次通過考驗時，都引發我們的自豪。

拾

超克無常的困擾

情緒的結不可不解，
解除情緒壓力，
安樂自然可期。
音樂能療傷止痛，
透過回憶洗滌煩惱，
領悟能擺脫困擾，
創造則超克憂鬱和痛苦，
這些都是面對無常的良方。

無常的人生免不了有許多創痛：親人去世，事業失敗，婚姻破碎，病痛衰老。只要活著就會有創痛，因為環境不斷變遷，你總會遭遇逆境，蒙受創痛，心情陷入低潮。這時，你要懂得音樂的療效。

文明越進步，社會變遷越快，生活和工作的適應也就更困難。人可能在一次股票崩跌中失去財富，陷入困境，可能在毫無預警中被裁員，也可能在政治環境交替中，失去原有的權力。你要在這無常的現實中歌唱，它能給你安慰和紓解。

無常的變化給社會帶來更新，帶來進步，同時也給每一個人帶來壓力和威脅。為了活下去，每個人都卯足全勁在競技場上拚鬥，生活和工作的壓力殊大，這是現實。面對無常的現實，你可以用音樂調整自己的心境。

音樂能療傷止痛

多元開放的社會，價值中立化，於是輿論分歧，觀念差異，公說公有理，婆說婆有理，連家庭客廳裡都存在著歧見、爭議和敵意。此際，音樂能作為化解異見的調和劑。

不是只有你有創痛和困擾，每個人都有，因為大家都生活在無常的環境裡，咸要接受變化和挑戰。所不同的是，有些人懂得療傷止痛，因而能保持平靜快樂；有些人不知如何調適，從而陷入情緒困擾和痛苦。生活在變遷快速的現代社會，都必須學習排遣煩惱和困擾，避免內心打結，形成嚴重的情緒疾病。時下許多人罹患焦慮、憂鬱等病症，都是因不懂得排解困擾而來。《雜阿含經》上說：

結所繫法當速斷除，
斷彼法已，
以義饒益，
長夜安樂。

情緒的結不可不解，解除情緒壓力，安樂自然可期。生活中任何形式的心結，都應該設法解套，身心才會健康。以下這幾種方式能幫助你排遣困擾。

音樂與歌唱能撫慰心靈，緩和情緒，減低疼痛。音樂能幫助病人放鬆，使許多病患得到較好的療效。洛杉磯凱撒復健醫學中心（Kaiser Permanente Medical Center）用它來代替止痛藥和鎮定劑，特別是對於心臟手術前、化學治療期間、長期背痛者以及脊椎傷患者，施以音樂治療，的確能使病人放鬆，產生治療效果。放鬆的人就能產生康復的心境。

音樂治療師漢特（Nancy Hunts）說：「音樂是一種神奇、功效良好的利器，它對身體有直接的影響：如促進血液流通，減低及穩定心跳速率，降低血壓。就心理層面看，功效更大：它能使我們放鬆、回憶或流洩情感。最神奇的是它能改變我們的心境。」

對於一般人而言，音樂和歌唱能提振心情，尤其是受到心理創痛或憂鬱的人，音樂能幫助他們把埋藏在心中的積鬱傾洩出來。一位情緒低落的女士，由於感情受到創傷，變得憂鬱消沉。她看了醫生，吃了抗憂鬱的藥物，但心境還是沒有好轉。我建議她除了服藥之外，要增加有氧運動和音樂治療。她選擇世界民謠合唱選集，那是她中學時很喜歡的歌曲。現在每當她心情低落時就聽它，有時跟著一起唱。後來她告訴我：「音樂和歌唱確實神奇，它紓解了我的鬱悶，鬆弛了我的胸口，陪著我度過最沉痛的人生際遇。」

音樂和歌唱治療有一個基本原則：如果你焦躁不安，心靜不下來，建議先聽快節拍的音樂或歌曲，等心境與音樂相應時，再換古典幽雅的樂曲。相對的，如果是憂鬱的情緒，則不妨從古典幽雅的曲子聽起，等你和音樂同理之後，再改聽節拍快的樂曲，把心情帶起來。依此原則進行音樂或歌唱治療，效果更為明顯。

此外，佛教的梵唄唱誦或梵樂，對教徒而言也是一種療心和撫慰心靈的良方。許多人在參加法會唱誦之後，心情變得開朗，特別是面對親人逝世，經過法會的唱誦和梵唄詠唱之後，不但紓解創傷，並能透過心靈的撫慰、宗教的虔誠祝禱，產生領悟和解脫的效果。

透過回憶洗滌煩惱

每個人的「記憶庫」裡，都儲存著歡喜、溫馨、悠閒的記憶寶藏，它們的色彩、動作、聲音鮮明，充滿快樂和開朗。這些愉快的往事或經驗，透過回憶，可以浮現在意識層面，而忘懷或分散眼前的緊張或煩惱。

每當我工作忙碌或陷入急迫的公務時，我會在午餐後閉目養神。這時我會輕輕哼著童年時唱的歌，接著兒時家居嬉戲或鄉下悠閒美景，悠然浮現在腦海，令我完全的放鬆和喜悅。我陶醉其中，重溫夏日涼風，徜徉在金黃稻穗的波浪裡。透過回憶，可以暫時放下緊張和焦慮，讓眼前的壓力得到紓解。

抓住過去美好的回憶，能掃除無可避免的煩惱。我常建議緊張、焦慮或憂鬱的人，在洗澡時透過歌唱，勾起美好的回憶，讓賞心悅目的往事，把你從眼前的困擾中暫時抽拔出來。經過一段時間的澄清和休息，你會更有精神力去面對眼前的挑戰。透過回憶，在冬天裡仍有溫暖的陽光，在逆境中仍有安定的心境。記憶是一個美麗的花園，在那裡頭，無論順逆成敗，都能綻放喜樂的花朵，讓你度過困局。

生活在變化無常的現代社會，為了心理安寧，為了培養更好的精神力以面對種種挑戰，每個人都該練習的功課是：捨棄記憶世界的莠草，記住並玩味那些美麗的花朵。每個人的記憶庫中，都保存著許多綺麗往事的片段，善用它則能幫助自己度過困境。透過它的洗滌，能讓憂心與煩惱剝落，它是每個人的無盡寶藏，因此要珍惜它，經常回味它。

領悟能擺脫困擾

領悟不只是知性的心智活動，同時也是超克煩惱的關鍵。我們在陷入心理困擾或鬧情緒時，拿一本好書來讀，能引發自己對困擾的領悟，而擺脫當時的鬱悶。當然，你也可以找一位知音，把你的失敗或哀痛完全傾洩出來，在傾訴中你會領悟到，唯有接受現實，才會有心力振作起來。人若不能從現實中領悟，就會憂憤不平。每個人在吐露自己的感受和情緒時，給自己重新檢審的機會，從中很容易看到生活的真理：現實就是自己要活下去的劇場。

領悟能讓你不再沮喪。大部分的人在來晤談之後，總是輕鬆許多，因為他們從中得到了應有的領悟。領悟來自各種不同的啟發，最有趣的是念一篇文章或說個故事給當事人聽，也會引發他的領悟。一位受到心創、憤慨不能自已的人，我為他說了一個故事：

「我年輕的時候住在宜蘭的鄉下，看見農民為保護果樹不被水牛或家畜傷害，最常用的方法就是圍上籬笆，並用鐵絲圈在外圍。我們為了固定它，就把鐵絲釘入一棵棵果樹上。

「鐵絲對樹而言是一種創傷，但是經過多年之後，有一棵樹卻包住鐵絲並繼續成長，鐵絲變成它的一部分。仔細觀察，鐵絲是從這邊穿進去，從另一邊出來，樹上卻一點傷痕都沒有，這棵樹長得壯碩無比。另一方面，也發現另外一兩棵樹，似乎竭力在掙扎抵抗，它的皮被鐵絲磨得斑痕累累，長得病懨懨的。

「一個創傷的現實，如果被接受了，不再為它憤懣，不再為它而怨天尤人，就能在現實中發揮心力，活得振作。反之，越是抗拒，受傷越嚴重，甚至把所有的力氣都用在憂憤上，以致生命變得枯黃。

「創傷的委屈既成事實，它已過去，你不能再被這些鐵絲不斷的刮傷。學習包容它，把你的精神力用在現實生活上，保持精進的朝氣，開拓自己能著力的東西，這樣就會有喜悅。」

我還說這個故事給幾個受過創痛的人聽，他們都神入故事的內容，產生深度的領悟。人無須否認自己的不幸，但是千萬不要被鐵絲不斷地折磨。我們可以包容不幸，並且與它妥協，在不抗拒的情況下，包容它，而讓自己長得更好。

創造能超克憂鬱和痛苦

生活的環境在變，生活者本身也在變。一次適應雖然能帶來成功和喜悅，給自己生活的價值感，但你不可能以不變應萬變而能生活得好，而是必須用智慧去覺察，去創造新的適應和價值感。

就生命而言，創造帶來價值感和意義，它使生活變得有生機，對身心的健康有了正向的作用。創造表示我能做些有價值的事。退休的人能做些自己認為有價值的事，哪怕只是在家裡照顧孫子，都會感受到充實和喜悅。

心理學家拓弄思（E. Paul Torrance）對創造力的研究頗富盛名，他發現老年人學習繪畫一年之後，有九六%的人認為自己更有活力；九四%表示內心更平靜，七一%的人覺得比過去更積極主動。

後來他在內布拉斯加州做研究，三十五名老人接受十八週的油畫課程，十一年後追蹤發現：六七%的藝術學員活著，而沒有接受藝術課程的控制組只有三八%活著；藝術組的學員都比較活潑、敏捷。拓弄思認為那是由於學繪畫的那些人，用了他們的創意，發揮更多內在的能力。

每個人都有創造力，要在生活與工作中做自己想做而值得做的事，在其中發現樂趣，並樂此不彼。創造力的發揮使生活變得充實，享受生命賦予的樂趣和活力。創造的生活不一定是什麼發明，而是個人展現了試探、好奇、調適和滿足，創造能使一個人忘懷創傷，回到活潑喜悅的生活態度。肯培養、使用創造力的人，不容易被失敗、批評和困擾綁架，他們勇於挺身面對現實，做更多新的嘗試，獲得豐富的價值感。活得好，活得健康的人，都能在無常的現實環境中，運用創意來接受挑戰。

人生是無常的，克服一件難題，另一個挑戰緊接而來。如果你用沮喪和無助看待每一個消失的成功，就會變得憂鬱，心理困擾重重。如果你願意想個辦法調適，創造新局，那麼無常會變得饒有趣味。有的人怕變，他們的適應方式是躲避；有的人不怕變，他們的態度是面對它，設法解決它。前者困擾和憂鬱，後者活潑而愉快。

拾壹

保持超脫自在

要在現實社會中保持自在感，
就得學習當一個「我是」的生活者；
而不是一味追求「我有」，
以致忘了生活本身。
把握當下，欣賞眼前，
就能脫俗自在，活得幸福。

現代人的精神壓力是沉重的。每個人都要面對工作和生活現實的重擔，費心如何應付新的情境；對於未來的不確定性，更是勞神、擔憂。心靈生活的紛擾不安，是現代人的共同難題。

有些滿面愁容的人來晤談，他們被生活中的瑣事困住，忽而在意這事，忽而煩心那事。他們的不安來自對無常的懼怕，對不確定的生活情境感到焦慮不安。於是，生活與工作中的任何小改變或不如意，都會造成擔憂和顧慮。長時間的憂慮、緊張和不安，形成焦慮的心理反應，對於生活中任何變動顯得格外敏感。焦慮的人採取更多的防衛措施，渴望擁有更多成就、名聲、頭銜和財富。這時，心靈生活會變得更忙碌，或者更汲汲於爭取和鑽營，這是心靈生活的岔路。因為一旦生活的價值開始走上追求「我有」，而不是實現「我是」，就開始有了窮的意識，在心靈生活中有了貧窮。

追求「我有」到頭皆無

追求「我有」的人，如果碰上困難或不順利，會衍生為沒有面子和價值，而起煩惱和焦慮。他的自尊隨而變得不健康，容易為非作歹，或者爆發心理症狀，作為動能的出口，最常見的是焦慮症和抑鬱症等情緒性問題。

許多追求「我有」的人，在情勢不利於他時，挫折感很大。他會被一個僵化的思考公式套住：我想要或擁有，但我辦不到；我無助和沮喪，但不是我的錯。情況好的話，他會轉彎尋找虛榮或面子的滿足；有時候他會用不正當的方式去剝奪，諸如搶劫、偷竊、強暴、偷窺等等，都是挫折後的產物。如果不是向外剝奪，就會向內尋找出路，形成心靈的疾病，從憂愁、無助到最後的絕望，而造成自殺。

追求「我有」的價值，是我們社會目前的主流價值，伴隨著功利、鑽營和強烈競爭，形成這個紛擾不安、個人精神生活陷於痛苦的文化。你應該很能了解，這個社會的病灶就在於強迫性追求「我有」，以及它對人性的扭曲。教育的困擾、社會的不安、政治的傾軋、文化的墮落，都因為「我有」強迫症的結果。

另一個生活的價值是「我是」。這種生活態度著眼在生活的真實性，用創造去面對生活，用生產和努力滿足需求，但他們重視生活的實現，而非擁有和比較。因此，「我是」的人雖然也在工作，也在研究發展，兢兢業業承擔自己的責任，但他們沒有面子的壓力，沒有焦慮的掙扎，能在生活和工作中找到更多樂趣和喜悅。

抱著「我是」態度生活的人，一樣有挫折和失敗。在這無常的社會中，當然有失業、衝突、困難和痛苦，但他們不會把自尊賠進去；不會給自己落井下石，造成更多情緒上的紛擾。其實，人很少被現實的困難打敗，真正整垮自己的是對失敗和挫折的看法。

「我是」的人著重在生活的實現上，在日常生活和工作中，他們有較多喜樂，領會到豐富的啟發；他們抱持感恩，願意與人合作，並建立友誼和感情的支持。這些人一樣孜孜不倦的工作和學習，但不會有追求的強迫性，以及憂心不如別人，怕被看輕的顧慮。所以他們有更好的精神力把工作做好。

因此，要在現實社會中保持自在感，就得學習當一個「我是」的生活者；而不是一味追求「我有」，以致忘了生活本身。我們之所以生活得不自在和空虛，是因為把人生當手段去追求物質，而不是好好運用手邊所有，去構築美麗的人生和自在的生活。經上說：

眾生不善心時，與不善界俱；
善心時，與善心界俱。

你是不是用現有的知識，去學到更多的知識，從而得到樂趣和豐足，並用這些工具，做了有價值的事?你是不是珍惜你的家庭，結合他們經營些許快樂和溫馨，並讓家人得到更多的成長機會?你是不是在日常生活中，肯承擔負責，並從中得到賞心悅目的樂趣呢?我相信大家都想得到這樣的生活，那麼就必須學習「我是」的生活態度。它的要領是：

忠於生活

你是在生活，而不是要佔有或擁有。生活是生命的核心，如果生活不好，擁有再多的財富和頭銜都沒用。因此，每個人應該學習把假面具拿下來，忠於生活，這才會愛惜人生，珍愛生命，並流露出活潑自在的態度。

一位得了焦慮症的媽媽來晤談。他和讀國中的女兒已經嚴重對立和敵意，每天都為了孩子而發脾氣、憤怒和不安。這位媽媽臉龐清瘦，兩眼深陷，皮膚枯萎，吃不好，睡不著，已經無法承受這種緊張的生活。她對女兒求好心切，訂的抱負水準高，造成孩子厭學。當成績低落下來時，彼此互動更為緊張。這個只有母女兩人的單親家庭，每天都在衝突和嘔氣，母親漸漸陷入焦慮症的折磨。她說：

「我的女兒從不懂得體諒我一下，她已經快把我折磨死了。」

「妳是否想從痛苦中解套？」

「當然。你能告訴我怎麼把孩子教好嗎？」她含著淚水說。

「妳的女兒之所以陷入如此緊張，是因為你們的心靈缺乏營養，就像饑餓一樣，才會彼此互相需索，彼此埋怨。人需要有人肯定才會有朝氣，有人欣賞才有溫暖和信心，有人逗趣才有喜樂。可是你空有對孩子好的心意，卻沒有在生活中經營滋潤心靈和智慧的養料。妳們像生活在荒漠裡，一個厭學，一個得了焦慮症。」

「那我該做些什麼呢？」

「要把生活過得歡喜。孩子只要努力就好，不必天天逼她有好成績；保持吃飯的好氣氛，多聽聽孩子生活中的趣事或抱怨，一起聊聊她喜歡的歌星和流行。孩子願意陪妳談話，就表示她的生活恢復正常，妳也從相處中得到一些溫暖。妳們需要陽光，有陽光的地方就會有繁榮和豐收。」

「那成績落後怎麼辦？」

「先有親子生活的陽光，不怕沒有成績。」

我們一旦擔憂比不上別人，就會陷入焦慮和不安。人因為怕別人看不起，所以要戴上假面具。假面具是很沉重的，要表現自己能幹、富裕、有品味、有格調，就會陷入無盡的掙扎之中。這使人漸漸脫離生活的真實，快樂越來越少，焦慮和煩惱不斷增加。

隨緣納福

每個人都要工作，都要營生。工作需要工具或能力，在變動快速的社會中，不斷學習新知和技術，是基本幸福的保障。

你只要站著不動，就會像逆水行舟，不進則退。如果你不願意在工作、教育子女、理財、健康和生活調適上學習新知，不幸的事就會紛至沓來。

除了工作與營生之外，心靈生活的幸福感，不是從建構中得來的，它是一種態度。你能隨緣抓住它，幸福就會是你的。它來得很自然、很容易，但也稍縱即逝。例如你辛苦了一整天，在回家途中看到一抹斜陽彩霞，你欣賞了它，而有著無限的滿足與快慰。你在假日登山的途中，發現兒童們天真爛漫的交談，不禁被他們的稚子之心感動。

幸福是在家人相聚時，彼此交心才蹦躍出的光采；在朋友相互支持和關心中，才綻放出它的美潤；在幽默和詼諧的笑談中，才陶浸在那溫暖的氣氛。幸福不是永恆不變，而是一顆顆從生活中噴躍出來的珍珠，有時光耀奪目，有時寧靜宜人；有時令你發笑，有時感動和落淚。

我常為那些身在福中不知福的人感嘆。他不滿意自己，對生活找碴，滿肚子怨氣：一會兒嫌生活單調，一會兒覺得社會冷漠；怨自己造化不好，怨別人沒有關心他。我覺得幸福是一種選擇，如果你選擇的是感恩和欣賞，它就常來造訪你；如果你選擇的是嫉妒和抱怨，它會靜悄悄地遠離你。

幸福是當下得來的，對兒童而言，他們最懂得幸福：在公園裡躲迷藏、在田邊水溝裡撈小魚、在操場上打球，都可以綻放幸福和喜悅。即使做錯了事被罰，成績不好受責備，那一時的不快，只稍有機會騎腳踏車追逐，找到空閒和同伴逗趣，幸福有如雨後陽光一般燦爛。

成人就不一樣了，有足夠的成績和名氣才會有快樂，有一定的刺激才會有歡喜。一旦成家立業，就養成危機意識，怕得而復失，怕失去面子。於是生活中許多幸福和樂趣，被人無情的丟棄。有一位來晤談的人問道：

「怎樣才能得到幸福？」

「幸福就在生活和工作之中。簡單的說，幸福就是一個人享受樂趣的能力。我們因為過於挑剔和拘泥，因此忽略了許多樂趣：我們忽略了愛人和被愛的樂趣，忽略隨緣欣賞別人和自己的樂趣，忽略嘲笑自己失腳的樂趣，忽略健康時能行動、能玩樂的樂趣。」

「你覺得今天幸福嗎？」他又問。我想了想告訴他：

「我今天早上起得晚，睡得很滿足，感冒也好了，真清爽！太太把早餐做好，眼前撿個現成，真滿意！把兩件該洗的長褲和衣服丟進洗衣機裡洗，明天就有乾淨的衣服穿，很有希望！筆耕了幾小時，依計畫完成一篇文章，真樂！晚上孩子們要回來聚餐，溫馨可期！這不是很幸福嗎？」

「老師，我懂了，幸福是一種享受樂趣的能力，問題不在於你擁有什麼，而在於你怎麼欣賞當下的什麼。」他滿意我對幸福的詮釋。

幸福並非存在於企求我們所沒有的東西，而存在於享受或欣賞眼前擁有的這些。懂得過幸福的生活，就有好的自在感。

超脫的態度

如果你能把人生當一齣戲來演，當然你要演好你的劇本，但你也要知道它只是一齣戲，你就會以超然的態度去看生活和生命，那麼得失順逆就不會那麼在意了。

當你不是那麼在意自己時，就不會過度牽掛，形成憂心和焦慮。超脫自我中心的陷阱，就可以令你寬心自在：在你交談陷入不自在時，不妨以對方作為談話焦點；當你估量自己可能會失手落敗時，就想著一步一步把事情做對，無關乎自己；如果你對該做的事有了顧慮和緊張，不妨把它化為積極的行動，這些情緒就不會折騰你。

不過，最重要的超然態度是專注地覺察真實，神往於其中。比如禪坐可以引領你進入超脫的心境，音樂可以帶你進入超然的境域。深山中的萬籟有聲，讓你接觸大自然的神韻；奔騰的大瀑布，令你神往壯闊雄渾的力量，這時你的自我中心忽然消失，謙卑淨化了塵勞，超然脫俗的忘我，讓我們接觸到自在的真我。

生活在競爭、快速變遷和多欲的時代，我們很容易隨波逐流，把生活從實現「我是」，扭曲為追逐「我有」。不安和焦慮會隨之而來，如果你能把握當下，欣賞眼前，享受樂趣，就能脫俗自在，活得幸福。

拾貳

領受超驗的剎那

超然的體驗讓我們從現實的限定性，
以及對無常的不確定性中超拔出來。
人如果長久生活在現實的窠穴裡，
再好的生存條件都會令你蹙額發愁，
都令你浮躁不安。
因此要在現實生活之外，
去體驗和享有超然的經驗。

生活在無常變化的情境裡，心總是循著周遭的變化起舞，隨即產生不安，起伏不定。不安剛剛過，煩惱困擾接著來；好不容易擺脫困頓，下一個焦慮又出現；縱使有了短暫的快樂，也很快消失。人一直要應付無常和變化的挑戰，以致心靈生活浮躁不安。

人的心靈生活如果一直活在忙碌和緊張之中，就領受不到穩定的心境，每天想的和做的，都是在得失之中盤算，很難體會到超然的寧靜，而生活所缺乏的，正是些許超驗的境界。

我們當然要重視現實生活，為工作努力負責，賺取酬勞養家活口，做有價值的貢獻，讓人生不留白。但是我們也需要享受超然的寧靜，透過它清淨自己，溫暖心靈，領受超然的喜樂和安定。

我曾有過這種體驗，通常是在登山小憩的片刻，在飯後悠閒散步的時候，或者靜坐放下塵勞的當兒。它讓我超然神往和自在，剎那間我接觸到現象之外的存在，而世事幻化，又顯得美妙可愛起來。這正是《雜阿含經》所說：

汝當聖默然，

莫生放逸！

純淨默然是禪修中很重要的一部分，它讓我們從種種執著中解脫出來，擺脫利害傾軋，讓心在面對種種無常時，得到完全的放鬆和開啟，去迎接超然物外的神秘和禪喜。把握這種超驗的境界，有助於現實生活的調適，更有助於身心健康。

每個人都該領會超驗的境界；一時的默然，無垠的喜悅；片刻的安謐，即時敞開心胸，迎接生活中最寶貴的恩賜。忙碌緊張的現代人，務必從中汲取心靈生活的清淨活水，否則精神生活會變得不安和慌亂。

超然的經驗就在日常生活之中，只要你稍作安排和留心，它會自然呈現在你眼前。霎時你會感覺到寧靜，一種直覺令你與宇宙合而為一，陶浸在絕對和安詳的懷抱，也許這就是莊子所說的「坐忘」吧。它沒有「我」的執著，沒有分別和對立，只是與那本體世界合而為一，好像兒時遊蕩回家，一種溫馨自在之感。

以下幾種狀況是接觸超驗心境的線索：

投入大自然的懷抱

在崇山峻嶺中，在壯闊大海的沙灘上，你若能投入其間，無論是登山或戲水，經過一段時間，便會俗情盡忘，心靈和肉體同時發生改變，有了輕鬆、愉快和舒適之感。特別是經過體能活動，加上山與水的美化與淨洗，便開始從大自然中得到一種平衡的力量，清晰和寧靜的直覺。

我喜歡登山，每當登臨峰頂時，一瞰眾山的起伏，就會傳來無限的感動。峻峭雄壯的山川，斜插在巖壁上的蒼松，空谷傳來的水聲，小花逗著鳥語的詩韻。這時，山與我一體，我與山不分。我的執著不見了，像被洗滌清淨一樣，覺得自在輕安。

在翻山登臨之中，你用盡體力，也讓身體內部交感神經放鬆，焦慮和煩惱自然剝落，緊張和性急不起，讓你把分別心和思考工作暫時擱下，會覺得神情欣悅。

登山不但能忘懷俗情，而且對培養耐力和耐心，對廣濶生命存在的仁愛襟懷，有著不可思議的幫助。透過崇山的啟迪和歷練，我們培養了胸襟、光明和敦厚，心胸有如大山一樣壯闊起來。我知道為什麼佛陀要在靈山傳法，為什麼摩西在西奈山接受十誡，為什麼穆罕默德在希拉山得見天使，因為只有在那時，才能用無私、純淨和敞開的心，見到真理。

現代人忙得可憐，即使有一點空閒，也總是被煩惱、不安和焦慮塞得透不過氣來。我建議多給自己一點機會接觸山林；台灣有的是大山，只要你預先安排，就能領受俗情盡忘的洗滌。如果登臨大山不容易，郊山也很好，至少有個一兩小時的腳程，找到地方歇歇，山的慈懷總會為你敞開。受益只屬於肯實地力行的人，它無法言傳，只能告訴你，就在山嶺迂迴、山巔眺望時，你接觸到超然的境界，領悟到無常的現象界之外，存在著永恆和神秘。

海邊與山有同等的效果，淺踏海水戲弄浪漫，令你忘懷一切。在為俗務忙碌之外，請記得抽出時間接近海濱，找到安靜開闊的地方，徜徉個至少半天，欣賞海邊的卵石、細沙，各色各樣。

聽海洋的呼喚，撫摸海風的溫柔，你的心如海般寬闊；弄一波波潮水，一覽浮雲如帆，你的心進入超然境界。就在此時，真正忘我，而面對造物主，有著參天地化育之感。

平常生活中的妙悅

只稍留意，日常生活中簡單的事，都能帶來超然之感。它的條件是悠閒，留些時間讓自己悠閒下來，去做一些非功利的事，非計較或競爭的事。你可以在插花中驀然進入寧靜的世界，你可聽過：

一花一世界，
一葉一菩提。

這樣美好的詩句，你認為是禪家捏造出來的？不，當然不是，它是作者在超然境界中真實的自白。

找個週末，把雜事放下，專注地做家事，不急不徐，自然會進入默然心境，從而忘我。我常在拖地或修理家具時忘懷一切，也常在慢條斯理擦門窗時，領會到無常背後的永恆。禪詩中說：

神通並妙用，
搬柴及運水。

現代人沒有薪柴可搬，也沒有必要挑水，但家事之中，卻滿是引發超然妙悅的契機。許多人不懂得享受做家事或為自己燙個衣服，反而一有空就尋找娛樂，結果工作時心煩，休閒時心也閒不得，因為娛樂就是要被聲色娛弄，怎麼閒得下來呢？

忙了一整天，帶著幾分倦怠的慵懶，坐在書房裡，聆聽冷氣單調的聲音，享受迎面而來的清涼，悠閒地沏一壺茶，茶香引我進入默然之境，那時的色、聲、香、味、觸、法，本身就是清淨柔美。我經常接觸到它的超然，它的空性，它與永恆相融，猛然了悟《心經》上為什麼會說：

色即是空，
空即是色。

生活之中的種種擁有是無常的、變化的，但在這些無常之中卻也帶領我們接觸背後的超然境界，一種永恆的存在與歸宿。

超然的經驗給每個人帶來「放下」之感。你可以歇息，不被生活和工作的重擔壓得喘不過氣來。人要有承擔的時候，也要有歇息的時候。禪者說：「得個歇息處！」這個歇息處，與超然經驗相通。

對於日常生活事務，若能保持興致，專心的投入，細心的品味，不但能帶來許多滿足的喜樂，同時也能令你契入超然忘我的自在感。

慈愛的超然心境

無論任何慈愛，都可以令你從自我中心解脫出來。當我們泯除憎恨與敵意去關懷別人時，原來以我為中心的想法，轉為關懷彼此，普愛世人，瞬間你接觸到超然境界，而不再是背負著我執的自己。

能關愛他人的人，就不會生活得那麼沉重，不會認為別人對不起自己，也不會陷入自責或內疚的泥淖。一個開心的人，願意伸出他的手，與別人把手同歡。

戕害、剝削或佔有欲強，會使一個人更自我中心；他的焦慮、不安和敵意會越陷越深。當你用愛去關懷別人，去除我執，自然覺得輕鬆。研究發現，那些抱著慈愛和善態度的人，他們比較愉悅和健康，人生也達觀。

每個人的心靈深處都有一個自我，心理學家把它叫做深度的自己（inner-most self）。所謂的慈愛，就是深度自我所洩露出來的心聲。在慈愛的心思裡，你的心中有別人，別人的心中也有你。領會到這個層面，就接觸到超然的境界。

試著去關懷別人，給別人歡喜、信心、希望和協助，自然產生超然的自我。它不會隨著無常的人生消失，而會永恆的參與造化的實存。

把你的心敞開，自然流露慈愛。這時就會關心別人，與別人同理。如果家庭的成員、辦公室的同伴，彼此都能互相關懷和支持，必能帶來豐富的慈愛。慈愛是切進超然之感的入口。每當我工作到深夜回家，看到兒子和媳婦在桌上留下字條，擺著一小袋點心，就有著無比的超然喜悅。當然，這必須彼此經營，相互關懷。

人也要懂得自愛——珍重身體，就能活潑無礙的行動。當你用體能去運動、旅遊、做事、與人交往時，就該同時想想，這身體何其美妙，多麼值得珍惜和感恩。人在身體能做美妙的行動時，有一種悅樂之感；能看聽嗅聞時，也有著神奇之感，這種超然之感令你開心。人光是活著，就有無比的樂趣，它源自超然的體驗。

超然的體驗讓我們從現實的限定性，以及對無常的不確定性中超拔出來。人如果長久生活在現實的窠臼裡，再好的生存條件都會令你蹙額發愁，都會令你不安浮躁。所以，要跳脫現實生活之外，去體驗和享有超然的經驗。我總愛在工作之餘，趁著夕陽未落，登上近郊的山頭，看著雲彩，看著落日，聽取息息風聲和夜幕將近的蟲鳴鳥叫，悠然忘我。忙碌的現代人，請把握它吧！

然而這不是教人不要工作，當個懶散的人；而是建議在工作之餘，把握機會，享有超然的經驗和喜樂，它給你幸福和健康。如果你想接觸這種心境，請注意以下要領：

● 保持悠閒：把俗務暫時放下，把心中的敵意和不平拋開，用局外人的角度看到自己。

● 敞開心境：保持天真和純稚的心，用驚奇、欣賞的態度面對生活，你就會得到莫名的天啟。

● 直覺接觸：放下挑剔和批評，用無分別心去接觸生活，能帶來更多超然的經驗。

人生是無常的、變化的、不確定性的，如果你抓著一個不動的角色，就會像強風中的枯樹；如果你跟著它隨波逐流，就會粉身碎骨。人必須以超然的心境去看無常的人生，才會安定、有愛心、有喜樂；透過超然的經驗，給生命帶來無窮的意義，創造更多豐富的生活。

現代人生活在快速的變遷中，適應格外不易，身心承受的煎迫前所未有。只有在生活中加添超然的經驗，才能活化生命，看出生命的美和希望。

拾參

用敏悟的心待人

人類心理世界裡，
最大的災難是孤獨、敵意和失愛，
如果你有一顆敏悟的心去體會，
就能化孤獨為友誼，
化敵意為信任，
化憎恨為友愛，
人際間的糾葛也就不復存在。

日常待人接物的事，看似簡單，其實並非易事。如果我們用刻板的態度，不懂得善巧待人，不管你的用心多好，總不能達到交心的效果。

每一個人的性格不同，心理需要互異，而且隨著時間與空間的改變，更是不易捉摸。因此在這無常的人際互動，只有用敏悟和慈悲的心，才有可能真正做好它。你能了解別人，能跟他同理，才能知曉他的立場和當時的心境，從而建立溝通的關係。

如果你能在無常變化的人際互動中，適時給人鼓勵和關懷，就能建立互信，誤解和衝突就相對減少，而換來的是友誼和溫馨。在這種氣氛上，什麼事情都好談，任何歧見都可以化解。

人類心理世界裡，最大的災難是孤獨、敵意和失愛，如果你有一顆敏悟的心去體會，就能化孤獨為友誼，化敵意為信任，化憎恨為友愛，人際間的糾葛也就不復存在。

經常有人不解，家庭為什麼會失和，親子間怎麼會劍拔弩張，朋友怎麼會反目成為路人。多年的工作經驗，讓我得到一個明顯的答案：他們用單一的觀念和態度，去回應周邊的人。他們執著在刻板的回應方式中，以致無法了解對方真正的需要和感受，而招來更多誤會和友誼上的挫折。

這些人最普遍的執著是：無論碰到什麼事，他們先想著「我這麼做有什麼不對」，而不是想著「我該怎麼做才對」。前者是不問現況是什麼，就用原有的作法去反應，因此採取防衛性，只問我有什麼不對，無意中誤用了敵意和對立的態度，所以說出來的、做出來的，都讓對方留下不悅之感。如果兩個人都如此，那就會槓起來。

人際關係大師卡內基（Dale Carnegie）指出，每一個人都希望得到關懷、肯定和獲得成功，如果你能給予關懷、肯定和協助他成功，你們的人際關係就會好起來。然而，怎麼樣才能適切地關懷別人、肯定別人和協助別人呢？這當然需要一顆敏悟的心，其要領是：

彼此了解

了解別人的需要、感受、價值觀念和信仰，是待人的第一步。不了解就無從關心；而錯誤的關心有時比不關心更糟。比如朋友大病初癒，上班的第一天，你關懷地對他說：「你的氣色不太好，要多多休息。」遠不如說：「你剛生過病，體力未復元，有什麼需要幫忙的，儘管告訴我，我很樂意為你效勞。」兩者之間，聽者的感受是不一樣的。

身體虛弱的人，多半不希望別人說他氣色不好；成績不好的人，不希望別人老對他提起成績差的事。因此，關心的重點應放在協助他克服困難，而不是評論眼前的難題或窘況。

人貴在互相了解，因此你不說出來，別人怎麼會知道。有一位學生請了好多天病假，待在家裡養病。但日子久了就怕上學，有了厭學的情結，在上學與不上學中掙扎。這時，他收到一位實習老師的短信，上面寫著：

「好多天你生病不能來，我一直都很想念你。今天，我們上團體遊戲，我更懷念你的合作、笑容和談吐。我希望你能很快康復，大家又可以一塊兒學習和歡笑。你接到此信可能覺得驚訝，但對我而言，教室裡沒有你，似乎就少掉一些氣氛和歡笑。我不說出來，你怎麼會知道呢？」

孩子在接到信之後，不想上學的掙扎煙消雲散，因為他覺得有人關懷，有人欣賞自己的學習態度。孩子很容易在長假之後，不敢上學，因為對同學和老師產生了生疏和怯意。這位實習老師給孩子的信和關心之語，對長假後不想上學的孩子，產生積極正面的作用，真是一場及時雨。

別人給自己一些方便或協助，要讓他了解你在感謝他。你在市場或百貨公司購物，服務人員客氣招呼你，熱情地寒喧，你受到一些知遇，就該表示感謝，讓他知道你的感受。

相對地，如果別人對你不好，給你帶來不便或損失，當然也要說出來，讓他了解你的感受。不過，你不是惡意的批評，但總是要有適當的表達，而非一意討好別人，或隱抑著不說，氣在心裡頭。

為了讓對方了解你的感受，交談上還是要先說些值得讚美的話。無論你對誰表達不滿，都要注意以下要領：

- 找對時間，避免在他不快或情緒不佳時說。
- 對事不要對人：批評很容易引起對方的反目。
- 先肯定他的優點：希望他人改變某些行為，就像開刀割除病灶一樣，要先補充病人的體力，才能進行。

給別人諫正之言時要不著痕跡，越短越好，注意不要傷害對方的自尊。

總不能讓別人的錯誤，不斷干擾你的生活和工作，所以讓對方了解你的感受與立場，做適當的要求，是生活中不得不做的事。那些不敢讓別人了解自己感受和需要的人，會一直受苦，因而抑鬱寡歡。

彼此鼓勵

誰都希望得到肯定，從肯定中得到信心，得到健康的自尊和價值感。研究發現，那些未受到肯定和恭維的兒童，通常信心較差。如果父母採取「愛之深，責之切」的方式，而疏於欣賞孩子的優點和成就，到了青少年時，孩子會產生自我認同不完整，缺乏信心，不懂得自愛，甚至表現更多偏差的行為。大人得不到鼓勵和肯定，無論是在家庭、夫妻生活或工作職場上，都會表現得失意和情緒低落。所以，在人際交往上，要學習相互肯定和欣賞。

肯定與欣賞不是放在心裡頭就好，而是要說出來，要去行動才行。所以你要不吝於為別人打氣，這對你絕對有用，因為你肯定過的人，都願意跟你建立友誼和好的人際關係。

一位實習老師在實習輔導討論上說出自己的感想：

「我帶的班級是國二，班上有幾個學生很頑皮、愛鬧事，上課時傳紙條和說話，甚至相互傳簡訊。他們的不當行為令我大傷腦筋，甚至令我洩氣，想打消當老師的念頭。有一天，級任導師拿了一本學生的週記給我看，上面寫著：『謝謝實習老師給我的教導和啟發，我以前從來不知道我會寫詩，現在我偶爾信手捻來，寫一則小詩來自娛，並請她一起欣賞。我以前不知道怎麼觀察和思考，現在我能從中找到許多答案。她給我信心，帶領我產生興趣。她就快要離開我們了，我百般不捨。』」

看完這篇週記後，實習老師熱淚盈眶，對擔任教職又萌生信心。這段日子裡，重拾信心這件事，是他最大的豐收。

所以人該學習讚美，在這無常變動的生活情境裡，只要稍加留神，就能欣賞到別人的優點，適時給他得體的讚美。這不但能鼓勵對方，也建立了彼此的情誼。讚美和諂媚不同，差別在於讚美是客觀真實的，不存有討好的心機，所用的欣賞之詞得體而恰如其分。諂媚則往往是虛假的，口是心非，別有用心。

誰都希望得到別人的恭維和肯定，但如果分不清楚是讚美或諂媚，就會掉入別人的心機之中，在陶醉得醺醺然時，遭到一記悶棍。

每一個人在青少年以前，應得到充分的讚美。每一項讚美必須是真實、真心和自然的。你要學習對孩子讚美，因為讚美和欣賞是構築孩子信心和自尊的不二法門。一位父親在替孩子看作業時，發現一題數學答案錯了，他告訴孩子說：「這個題目式子不好列，你能想得出來，真是不容易。冤枉的是計算出了差錯。」孩子聽了之後，很有信心地把它改正過來。

一位媽媽很得意自己的孩子能為他分勞洗碗筷。有一次孩子在清洗碗盤時，不小心把一個珍貴的盤子打破了，霎時愣在那裡，瞪傻了眼。媽媽卻說：「孩子，你替我清洗碗盤那麼久，這還是第一次打破盤子，我想你已經創下紀錄了。」孩子臉上的緊張一抹而空，露出信心的笑容。

讚美要以個人實際表現為對象，不可以語意含糊，而且不宜隔太久才說。你讚美人家聰明、能幹、有學問等等，是很含糊的表達，它的效果不大。如果你說他的致詞很精彩感人，宴會氣氛把握得恰到好處，怎麼有辦法把一道道素菜燒得這麼香美可口，這些都是具體有效的讚美。

每個人都想當重要的人，要是有人把工作做得好，就該讚美他；有人別出心裁有了好創意，就要讚美他；有人在某一方面獲得成功，就該讚美他。這就能給人受重視之感，並使生活變得愉快。

幫助別人成功

人類的文明，是在互助與合作中，累積知識和經驗發展出來的。每一個正當成功的事業，都會帶來福報；當然，每一個成功的人，也都得到許多人的幫助。每個人都希望成功，如果你能幫助別人成功，別人一定會感謝你。

要幫助別人，必須幫對忙，而不是幫倒忙；要幫得人家舒服，而不爭功諉過。要幫得恰到好處，就必須有幾分敏悟的心才行。要幫助別人，需具備一定的知識、能力和見識，你做不到就不必勉強。不過，助人的事大部分是隨手可做的事，例如鄰居久等公車不來，你得便順道送他一程之類，往往使人感受溫暖。

我們要愛護家人、朋友、鄰居，甚至於要幫助陌生人，給他一點關懷。最近看到一則新聞，一群竹科的年輕人為了要幫助一個賣水果的老婆婆，透過網路告訴大家向這位年邁的老人買水果，免得她生意清淡而陷入困境。老婆婆有許多水果賣不出去，爛了丟了而造成賠本，這些科技人則互相轉告，先買那些熟透的水果，以減少其損失。這種助人義舉，確能提升人性的光明面，帶來心中的喜悅。

我們要愛人助人，對於仇人也要有個敏悟的心來看待他。一般人會認為，既然是仇人，那就離他遠一點吧。但如果經常要碰面，又該怎麼辦呢？我建議你，仇可解不可結，你還是如常對待他。你的同事雖不討喜，你還是應好好待他，他也會騰達，等他爬上來就可能會欺負你、整你；老闆的女秘書對你很傲慢，不讓你見老闆，你可要平心靜氣對待她，搞不好有一天她變成老闆娘，就會跟你算帳。這不是誰怕誰的問題，而是善待別人的愛心問題。你得便可以幫助別人，就該以平常心來看待，這就是敏悟之心。只有它才應付得了無常。

現代社會人與人之間的互動雖然頻繁，但彼此的交心卻很少，情感生活變得冷淡。於是孤獨、冷漠和敵意，普遍滲入人心，另一波心靈的疾病——憂鬱症，將取代焦慮而成為新的時代病。如果你能用敏悟之心來待人，創造溫馨的友誼，不但能帶來心理健康和幸福，更能培養好的心力，創造美好的人生。

拾肆

俯拾生活的樂趣

生活在自由開放的社會，
你既可以接觸到令人精神振作的法食，
也可以接觸到使人沉重悲苦的非法食。
透過工作、日常生活、
接近大自然以及培養感情等方式，
就可以有喜樂的豐收。

生活在緊張忙碌的社會，很容易為忙著工作而丟了樂趣。我們忙著追尋成就，忙著趕時間上班、赴約會和應酬，種種外來的刺激和紛擾，令人分心。長此以往，我們疏忽了生命的根本問題：在生活中感受快樂和喜悅。相對地，只好在聲光娛樂中博取補償，在紙醉金迷中得到一時的忘懷。然而，這些消極的補償並不能安撫自己，總是在快意一時之後，陷入更深的痛苦。

我從實際助人的工作中發現，造成不快樂和憂鬱的原因，是精神生活的營養不足。簡單的說，缺乏快樂生活的行動，無法從生活中汲取精神生活的養料，才會造成空虛、不快樂和憂鬱。因此，實際豐富生活，增添喜樂和積極效果的行動，是精神生活的資糧。佛陀把這些資糧稱為法食，他說：

有四食資益眾生，
謂粗摶食、觸食、意思食和識食。

粗摶食是指正常的飲食，觸食是指接觸到的自然環境、人事物，意思食是人的想法，識食就是自己的信念。積極性的法食令人得到快樂；相對的，消極性的非法食則帶來空虛、煩惱、障礙和痛苦。

現代人生活在自由開放的社會，你既可以接觸到令人精神振作的法食，也可以接觸到使人沉重悲苦的非法食。從研究觀察中發現，現代人失去許多快樂的法食，要從以下幾個方面去填補才行。

早起的悅樂

如果你想精神煥發，那就起個大早，到郊外、公園，甚至你的屋頂，就能從清晨之美中進食，飽餐一天所需要的精神力。你可以欣賞到清晨低斜的陽光初發，令你愉快清醒；黎明的清涼，加上一夜睡眠後的寧靜，令你更能欣賞清景之美，領會到大自然的恩賜。如果能在郊外踏青，往郊山登臨，你的感覺器官即會活絡起來，一種得天獨厚的心情便會油然而生。

清晨的每一件事情都很美，如果你到郊區散步，會發現層層的青山和翠綠的樹林，賞心悅目；有時候成群的鳥兒啁啾爭鳴，譜成清晨的樂曲。這些美的恩賜，只要敞開心靈，就能令你豐收。早點和茶香，似乎能給你一天的指引和希望；如果順手拿一本書看看，順便抬頭看看晨星，會讓你不禁有滿足之感。

尤其是到山頂欣賞日出，在海邊看旭日東昇的雲湧朝曦，你一定會吸入更多令人神識清爽的能量。秀真和我經常把握清晨登山的機會，閒坐在高點處，看著從樹梢灑落的晨光。我們領會到光的溫暖，正觸撫著雙頰和肌膚；或感受到造物主的愛，此刻正透過晨光，注入心底；花草樹木也優雅地朝向祂，接受祂的恩賜。

我經常起個大早，獨自登臨台北的郊山，在曙光中沿著羊腸小徑，領受拂曉的青翠、寧靜，舒暢自己的筋骨，豁然感到身心有如清晨一般清新。我的心靈世界，乃至五臟六腑，都融入陽光和欣欣向榮的朝氣，與清晨之美完全融合。至於雨天，你等著瞧吧，一年四季的清晨，沒有一天賞賜給你的會是一樣的，自己親嘗才知滋味。

我鼓勵人早起，迎接大自然的恩賜。這不需要花費，也不需要爭奪，只要你願意享有，上蒼就會給你，而且取之不盡，用之不竭。早起的豐收，無論在公園裡、運動場上或游泳池中，都能令你終日心情悅樂，精神煥發。

夜晚的寧靜

經過一整天的工作或上學，照理說應該是一場豐收，但也難免疲乏，或者帶著傷感回家。生活是一件艱辛的事，不要過度相信「樂在工作」的高調。能樂在工作的人只有少數，為討生活而工作則是大多數人的現實。在無常的現實世界討生活，有樂也有苦，這是事實，無須抹掉挫折和疲倦的真實面。

不過當夜幕低垂，我們該從一天的工作舞台中走下來，開始修補生活的工具，創造家庭生活的悠閒，享受生活的輕鬆、愛和溫暖；更重要的是，你需要安靜和休息。所以，應該要避免應酬太晚，減少過度工作而疏於休息。不要在下班之後，回家爭吵或製造麻煩，你最需要的是寧靜、珍惜家庭生活，與家人交融相處。

對忙碌多挫折的現代人來說，需要有時間接觸安靜的夜晚，因此你可以在用過晚餐之後，找個時間到學校或公園散步。如果你有應酬，更要在睡眠之前找機會散步，或在屋頂上領受夜晚的安靜，星光的閃爍，明月高掛的柔媚。它們給你的心靈帶來訊息，「平靜、平靜！」它舒緩了你的情緒，也讓你的身心得到輕鬆和安慰，有助於睡眠和精神的復甦。

我喜歡在就寢之前到附近公園散步，夜幕隔開塵囂，陶浸在無語的慰藉之中。它像是上蒼的溫和，像是如來無限的恩賜。低垂的榕樹，安靜的步道，撲面夜風，有時則是輕柔的雨聲，它帶給我安詳和平靜。此時，我的心靈好像回到慈母懷裡。

夜裡有時會傾盆大雨，有時寒風刺骨，我還是出去散步，因為黑夜的安靜就像慈母的手，在撫慰心中的不平。當然，有時瞇起眼睛，望著夜空，在光害之中仍然看到閃爍昏星。夜裡的星星安詳寧靜，它像母親哄喚孩子入睡的眼神。

夜幕低垂，學習放下：把執著放下，把不滿和憎恨放下，把一天的成敗是非都放下。你將感受到少許的清醒，看出生活的意義，領會生命的究竟。

接觸大自然

我們來自大自然，是大自然的一分子。如果不接觸大自然，就會有疏離之感，落寞和孤獨會襲上心頭。得憂鬱症的人，大都有很長一段時間缺乏接觸大自然，或者根本就缺少大自然的磨練。

大自然的高山崇嶺、幽谷谿流和禽鳥花木，綻放著壯美和優雅，它召喚每個心靈，讓人從中得到歡喜，領會到力與美，體驗到超自然的力量。大自然能撼動我們的心，使我們學會謙卑；它能磨練我們的意志，讓我們強壯勇毅；它能洗滌我們的煩惱，讓我們清醒活潑，知道怎麼生活。

我喜歡在溪谷中濯足，它讓我與大自然相擁，接受它的啟發和懷抱，塵勞和煩惱自然煙消雲散。建議大家多接近大自然，而且要長一點時間步行，留一些機會徜徉。一位朋友在經過人生的重創之後，接受我的建議，經常接近大自然。後來，她告訴我說：

「我抱著滿腹哀愁，強迫自己參加登山活動，希望藉此忘懷喪夫之痛。我勉力以赴，果然奇蹟出現，改變了我的生活。」她穩重自信的表情，令我相信她確實有了改變。

「什麼奇蹟改變你的生活？」

「我們經過一個多小時的攀爬和步行，來到一個山川峻秀的地方，大夥兒停下來休息用餐。我信步入樹林，聽到一隻台灣藍雀，還有不知名的野禽，高歌鳴唱。與世隔絕的自然美，霎時讓我擺脫哀痛，因為我領會到特殊的恩賜，它打開我更寬闊的視野空間。我聽到溪聲之音，鳥啼之樂，領受上蒼的懷抱。它讓我超越了生與死的偏見，重振精神，恢復生機。」

在無常的人生之中，如果你能多接近大自然，就可以體驗到一種大愛，籠罩著你的生活。而大自然的詩歌、音樂和景色，會融化你的憂愁，並賜予生活的愛與毅力。

重視情感

情感是心靈生活的主要內容，生活和工作的一切事物，都因為有情感，才有感動。無論興奮、體貼、愉快、失望和恐懼等等，放棄或抑制情感，人生將變得蒼白，思考、創造和行動也變得沒有意義，生活將陷入空洞乏味。

所以培養情感，把它表露出來，是生活中重要的事。人要活得熱情，願意與人交往，創造互助的溫馨，分享彼此的喜樂和感受，使人際距離拉近。體會對方的感受，讓對方知道你在關心他，必要時予以協助，那就是愛，是心靈生活中很重要的一部分。

快樂源自情感的分享，你可以對人寬厚，對方就分享到你給予的尊嚴；你能體諒別人，就等於分享你的愛心；你欣賞他的成就，就分享你對他的肯定。快樂的情緒是創造的動力，分享彼此的快樂不但能引發創意，激勵彼此的動機，還可以增進友誼和信任。

我們是在感動時，才發展慈悲和勇敢行為；在真情流露時，才有音樂和舞蹈；在彼此交心時，才有感動和喜悅。就精神生活而言，請不要過度執著於「勿感情用事」的格言。事實上，許多創意的點子來自情感；在危機時努力求生的動力，也來自情感。缺乏感情的科學家，引不燃創意的火花。

感情引發興趣、熱中、想像和堅持，有感情才有立場，才會說實話，並為之負起責任。有感情才有好惡，善惡才能明辨和堅持。缺乏感情的理智者，反而過度聰明善變：事過境遷，他們會再去愛別人；看到利益，他們會忘掉自己的天職；碰上困難，他們就放棄原有的目標和理想。

請想想：如果家庭、事業、朋友和生活缺乏感情，它們還剩下什麼？對我們的生命有什麼價值？當然，我不是要你縱情，因為縱情是一種不可控制的感情，不過是原始的衝動。我觀察發現，縱情的人往往不是有感情的人，而是野性的衝動。

在無常變動的社會中，沒有感情，是會走失的。

人對大自然有一份情，才會愛惜自然資源，隨手做環保；對社會有一份情，才會熱心公益；對工作有一份情，才會孜孜不倦地努力，並將成果與人分享；對每一個人有一份情，才有人饑己饑、人溺己溺的悲憫。從這些感情活動中，才發展出寬闊胸襟和自在的生活，人生的樂趣就在其中。

最後，要特別提出，生活在無常變化的時代裡，固然俯拾可得喜樂，你可以透過工作、日常生活、接近大自然以及培養感情等方式，得到許多喜樂，但如果缺乏耐性，則往往領受不到喜樂。

缺乏耐性容易發脾氣，性子急容易跟別人槓上，甚至還會做錯決定。最嚴重的是，性急的人缺乏與人閒聊的耐性，所以培養不出感情；無心領受周遭的美感，所以生活乏味枯燥；沒有興趣欣賞人情世故的感動，所以孕育不出歡笑和幽默。別人在生活中俯拾可得的樂趣，他往往兩手空空。所以，缺乏耐性的人會越來越功利，漸漸成為工作狂，因為他能領受的只有狹隘功利。這些人事業上一旦遭遇挫折，就會像風箏斷線一樣，心情在瞬間掉落谷底。

在我們的生活裡，可以讓自己悅樂的事真多，即使在家居生活中，也有許多動人的事不斷發生。你為什麼要捨近求遠，而又皺著眉頭說枯燥呢？樂趣不是金錢買得來的，它像捕魚一樣，你願意撒下網子，才會有漁獲的豐收。

拾伍

不執著的親情

親情永遠建立在互愛上。
但是它無常，所以要珍惜把握；
它無常，所以不能一成不變，
要有彈性才能做得恰當；
它無常，所以不能執著太深，
否則甜蜜會化為痛苦。

親情建立在愛上；要有豐富的親情，但卻不能有執著的愛。親情令每個人溫暖，心靈得到滋養，但打了結的愛，卻會傷害親情，帶來痛苦。因為生活是無常的，真正的愛是看清無常，隨緣付出愛的行動，而不是膠著在刻板觀念中，去需索對方或控制對方。

你想把對方變成什麼樣子，就等於是在操縱控制他。愛不是來自控制，而是來自互相關懷：彼此支持、了解、尊重和負起責任。

親情是很容易執著的。父母親把孩子帶大，教他做人做事，啟發其心智，告訴他怎麼判斷善惡是非。日子久了，愛產生了執著，希望孩子能一直在身邊，視別離為一種痛苦；希望子女聽從他的意見，接納為他選好的生涯或行業；希望他如願成功，自己亦與有榮焉。親情的痛苦就在這個執著上，所謂「結所繫法」，指的都是這種執著。

相對的，子女長大到青少年階段，就會尋求自我作主。他要表達自己的意見，追尋自己的人生路；有自己的興趣，有獨自要實現的目標，有自己的想法、態度、價值判斷。於是，他與父母親之間有了摩擦，強烈時就衍生成頂撞和衝突。他也執著在尋求獨立自主的動機上。

親情的兩邊，好像一條繩索繫著：彼此的執著越強，相對的拉力就越大，這就是親情中的痛苦。父母不明白孩子為什麼執著不知好歹，為什麼桀驁不馴；孩子總覺得父母親不可理喻，為什麼對自己管那麼多。這種親情的執著是很折磨人的，既愛又恨，既痛苦又捨不掉。《雜阿含經》中說：

若隨使使者，
則隨使死。

意思是說，如果你執意自己的觀點，一意孤行，那就會帶來理性思考的僵化，緊跟著來的就是衝突和痛苦。

於是，你要培養不執著的親情，讓親情濃厚，卻不會被情的執著給衝昏了頭。兩代之間相互提攜扶持，彼此關懷鼓勵，卻互相了解尊重。親情的真諦是沒有品評，沒有貴賤的挑剔；它們是關懷、肯定和協助。

每一個人都有他的極限和性向，因此要彼此了解、包容和鼓勵，給對方成功的經驗，以及溫暖的感受。千萬不要被物慾衝昏了頭，避免用金錢和地位的價值去審度對方，不用利害得失去品評對方。

原本親情是現成的，建立在互愛上，欣賞彼此的努力，肯定彼此的精進和能力，除了歡喜之外，還是歡喜。如果親情之中找不到喜悅和歡笑，就無異於生活在心靈沙漠中。

親情必須經得起無常的考驗，不管時代怎麼變，潮流怎麼更動，親情永遠都是那麼單純、喜樂。為人父母者都要了解這一點，為人子女的也要謹記這個簡單的信念。

他不是你的一部分

親子可以互愛，但彼此不能從屬於對方。父母親把孩子看成自己的一部分，要他去完成自己為他訂好的願望，在教育上容易造成失敗，因為你想要的目標，不一定是孩子屬意的。孩子有孩子的天賦、性向和特殊因緣，他要去面對他的無常，接受其挑戰，你替他選擇的生涯或行業，往往鑿枘不入。何況社會變遷快速，你替他選擇的行業，將來未必符合職場上的需要。

生命所以衰老，是要你完成自己的任務之後，把機會交出去，由年輕力壯、更有創意和勇氣的下一代接手，這是人類進化的動力。子女不是父母的從屬，也不是父母的一部分，他注定要獨立自主，去學習，去面對挑戰，完成他自己的使命。

請不要對子女保護太過，這等於剝奪他學習、歷練和成長的機會。別以為你永遠可以護育他，別以為你所知道的知識、見解和經驗，他都可以派上用場。子女注定要在生活的經驗中，自行學習和磨練，透過主動學習和嘗試，才能發展出適應未來社會變遷的能力。

現在你所知道的知識，不足以應付未來的無常變化；你把子女培養成唯命是從，將來他要聽誰的話，去面對全新的生活挑戰呢？

反過來看，為人子女的也要了解父母的境況。當他們年老時，有其特別的需要，絕大部分的老年人孤獨、寂寞、缺乏安全感，更現實的是他們需要年輕一代的撫養和照顧。年老的父母只有越來越脆弱，不會越來越強壯，如果你還是依賴他們過生活，向他們伸手要分財產，老年人的心簡直要碎裂。他們不是捨不得，而是為子女不能自主而不安和牽掛。父母不會永遠強壯，不少年輕人沒有認識到這個無常和殘酷，蹉跎歲月，不知自愛，造成親情之間的緊張和不快。那些太過依賴父母親的人，在人格成長上都有缺陷，那正是他痛苦和悲劇的來源。

獨立不等於疏離

子女長大之後，獨立性越來越強；他有他的主張，有他的路要走，為人父母者勉強不來，所以不必要為此起煩惱。小時候孩子百依百順，那是自然的事；長大了若還百依百順，要適應千變萬化的社會變遷，反而有困難。所以子女長大就要鼓勵他們獨立，欣賞他們能作主，有自己的看法。子女要去面對的是他們的無常遭遇，而不是你能替他安排的未來。

在子女未長成之前，應該訓練他，鼓勵他，教導他具備多方面的能力和生活體驗，青少年以後，就要逐漸放手，給他們機會獨立，學習走出自己的人生。而一旦成年後，他們能作主的就越來越多，到了適當的時機，他們會遠離父母，自己去闖天下。這時親子之間要學習新的相處方式，獨立並不等於疏離，彼此之間仍然可以保持親密。

就父母而言，一定要了解親子關係是無常的，子女成年之後有許多變數。他們的婚姻、工作和造化，未必如你想像的順利成功；他們有自己坎坷的路要走，至少要忙於自己的事業、理想和家庭。所以要看清它，放下它，否則無異自尋煩惱。

我看過許多父母，在孩子成年之後，還是替他煩惱很多；擔憂這，煩心那，眉宇深鎖，凡事看不開。他們的煩惱起因於看不慣子女的生活方式，擔心他們事業無成，憂心將來會吃虧受苦。這些憂心，除了傷害自己的健康之外，對子女一點用處都沒有。

親情是無常的，它不是父母所能控制；你越希望親情建立在某種模式上，彼此之間就越緊張。因此，不如找到機會就互相逗趣、打氣和關心。子女成年後的親情，是建立在包容、肯定、關懷和互助上。

另一方面，為人子女者也要認清父母的苦處和弱點。他們永遠對子女放心不下，儘管你已成年，事業有成，他們還是盼望看到你，想聽到你的聲音，得到你幾句安慰的話。父母的心是脆弱的，是牽腸掛肚的，是天生弱勢的一族。

親情之美，建立在彼此互相扶持、溫暖和鼓勵上，最後雙方都得到啟發、成長和創造的能力。隨著年齡的增加，在精神生活上有了更開闊的視野。

父母在進入年老階段，身心衰弱，會感到孤單、寂寞和無助，情緒低落和不安是普遍的現象。他們需要你的安慰，一通電話，幾句短箋，送給他一點零用金，在桌上放一點小吃，得便就逗他一笑。

以前是父母照顧子女，年老時子女別忘了照顧父母。你心靈深處的安全感和歸屬感是從父母那兒得來的，忽略對父母的關懷和照顧，在意識上永遠不能超越被照顧，而發展成獨立強碩的心靈。脆弱的心靈，怎麼使自己統整、安穩和發展成喜悅自在的人生呢？這是我在助人過程中的最大發現。

對子女而言，親情也是無常的；不及時把握它，可能稍縱即逝。未能隨緣關心父母，在自己年老時，會因感同身受而自責內疚。這不是嚇唬你，因為我在心理工作中，看清這些事實。

親情永遠建立在互愛上。但是它無常，所以要珍惜把握；它無常，所以不能一成不變，要有彈性才能做得恰當；它無常，所以不能執著太深，否則甜蜜會化為痛苦。

給親情留一點空間

有空間，親情才會存在。知道孩子長大必然會離開，為了學業、事業和前程，他們要遠走高飛。你看著他轉身離去，輕步踏上他的旅途，當然會有幾分失落之感。不過，它卻帶來了新的親情空間。你要欣賞他們的昂揚闊步，要讚羨其黃金年華，同時也要告訴自己，重新學習新的生活；挨過空巢的寂寞，掙脫往日如膠似漆的親情，讓自己活得有生機，活得充實和有價值，這是新的生活空間。

往日你曾是盡責的父母，創造家庭中的歡樂，把孩子帶大。如今他們已經茁壯成長，這是生命中最大的成就。現在則該保持更多緘默，即使有機會經常相聚，也要保持空間，少提出多餘的忠告，少做負面的聯想。父母要認清的是：每一代都會犯他們那一代的錯。犯錯是生活的一部分，別過分擔憂它，因為孩子們有頭腦去思考，有勇氣去面對。每一代都有他們的苦，苦也是生命的本質，你已經把他們帶大，就應該相信，他們會在辛苦中學會什麼是幸福之道。你無須擔憂，因為你也是這樣走過來的。

做成年人的父母，應儘量避免批評子女們，這社會已經夠吹毛求疵，夠得理不饒人了。所以少說、少建議、少批評，多隨緣欣賞他們的建樹，多聆聽他們的高論。大家都聽過「沉默是金」這句話吧！它用在這時最妙。

為人父母的責任是不可推卸的，在盡責之中也創造了生命的光與熱，讓孩子成長茁壯，讓父母得到溫馨和安慰。不過，當子女長大時，他要面對自己的人生路；他不會重蹈父母走過的路，因為那是一個新天地，無論遭遇如何，你都無法代替。認識這一點，你不得不釋懷、放下。也只有這樣，一個全新的親情才會綻露出笑容，因為他們像朋友一樣可以親切閒聊。

親情是美好的，要適時去珍惜它。人在做了父母之後，就得做個稱職的父母，給孩子愛的教養；孩子長大了，要獨立了，就該功成身退，保持微笑和緘默。相反的，為人子女的在汲取父母愛的乳汁之後，你當獨立走自己的人生路，開拓絢爛的人生；但別忘了，還是要回頭，關心、撫愛在一旁為你喝采的雙親。

拾陸

家是人生的堡壘

我們必須認清家庭生活的改變，
要有一套新的方法來經營。
靜態的家庭已經過時，
它被學習型家庭所取代；
僵化的家庭倫理，
也換成了有能力的愛。

家庭是人生的堡壘。有了它，在人生的旅途上，才有歇腳和遮風避雨的地方；有了它，我們才有起碼的溫暖和精神生活的材料。

家庭是人生的希望和歸宿。每個人都來自家庭，它撫養、教育你，給予呵護、安全、溫暖和人格發展的素材。長大之後，個人創造、擔綱家庭，回饋所能，照顧家庭成員，自己也在其中領受溫馨、價值感和生命的喜樂。家是人生旅途中最基本的單位，對每一個人都很重要，是生活的依託，生計的來源，精神生活的源泉。

家是孩子的守護神，也是成年人的歸宿，無家可歸是落寞、孤獨的。對每一個人而言，它是精神世界的母親，騰達時你想和它分享，挫敗無助時你想依偎在它的懷裡。所以，家庭不和諧是痛苦的，成員之間不和諧也是痛苦。

家是人生的一座堡壘，你不能棄守。把家庭弄得七葷八素，無異於生活潦倒；把家經營好，心靈世界天天都有陽光和雨露。

家庭像是社會變遷大洋中的一艘船，面對許多挑戰，必須用你的智慧和經驗去操盤駕駛，而且家庭成員必須同舟共濟才行。這個社會變遷快速，家庭正面對許多無常的衝擊，你不可能用過時的觀念，經營出適應現代社會的幸福家庭；如果你不能學習新的經營知識和方法，就會有適應上的困難。

家庭生活當然會受到社會變遷的影響。你看！失業會影響家庭，緊張和忙碌的生活會干擾家庭，性別平等的觀念使家庭生活面臨調適，雙薪的家庭在敬老與扶幼上有了新的挑戰，溝通不良會壓抑它的功能，共識不夠會傷害它的穩定性，這些都不是過去家庭經營觀念所能解決的，更不是求神問卜、調整祖先墳墓的方向所能解決。我們必須認清家庭生活的改變，要有一套新的方法來經營；肯認清事實，願意面對無常的變化，我們才有智慧和新知，把家庭經營得健全幸福。

你不可能用男性中心的觀念，把家庭經營得好；你也不可能用男主外女主內的方式，把孩子教得健康、有好的適應能力；你更不可能只用愛就使家人和諧，而需要知悉家人真正需要的是什麼，怎麼幫助他獲得所需。所以靜態的家庭已經過時，它被學習型家庭所取代；僵化的家庭倫理，也換成了有能力的愛。

在無常變動的社會中，經營一個家庭已經成為一種專門知識，你千萬不要以為結了婚，自然就有一個幸福的家。你想擁有它，就得不斷學習和調適，努力經營才行。如果不是這樣，家庭的幸福就會被犧牲，眼前許多破裂的家庭、分居的夫妻，他們的家庭堡壘失守，子女得不到呵護，家庭的老人也被遺棄——這種境遇有誰會喜歡呢？

為了有效經營家庭，使現代家庭變得和諧、強固，發揮好的功能，美國心理學家史汀奈（Nick Stinnett）和迪法蘭（John Defrain）兩個人，做過一個跨越二十五州的研究，調查成員彼此生活緊密的家庭，歸納出維持家庭強固的基本因素是：

- 成功的家庭其成員對家庭生活都很投入，他們有熱情，願意與家人一起創造共同生活的樂趣。
- 他們肯在忙裡抽出時間，與家人在一起生活，甚至一起歡喜地工作。
- 家人彼此欣賞，發現對方的優點，給予讚美；強調積極面比批評和貶抑，更能使家人生活緊密。
- 良好的溝通不但能傳達感情，形成共識，更重要的是能澄清誤會；誤會少，家庭一定強固。

● 有共同的精神寄託，有共同的價值觀念或信仰，願意一起分享，並恪守某些道德規範。

● 知道應付危機，當家庭免不了有新的挑戰或脫序的時候，彼此願意去適應，尋找解決問題之道。

在助人的工作經驗中，我發現強固的家庭通常有較好的應變能力，其成員也顯得健康快樂。在強固的家庭中長大的孩子，比較樂觀有活力，人際關係好，學習和適應環境能力也較強。依我的觀察，以上六大基本因素應該是變遷快速社會中，經營幸福家庭所必須有的要領。茲分列詳述於次：

投入家庭生活

家庭就像人的身體，它需要養料才會成長茁壯。你必須有時間、熱情和意願，投入其中，讓它有生機、有活力。就夫妻關係而言，婚外情可能是投入家庭生活的致命傷，因為它使家庭陷入風暴，造成離心離德。就家庭的生活而言，必須安排與家人互動，特別是與子女相處，如果不及時把握，家人需要你的時間一過，你想投入也難。

現代人普遍都忙碌，不過你千萬不要只重工作，而疏忽了家庭。一位父親對我辯駁說：

「我盤算了一下，花在家庭的時間如果放在工作上，可以得到更多的成就。我可以找傭人照顧孩子，請個老師教導他們，這有什麼不好呢？」我告訴他：

「孩子是在生活中得到精神的營養，是在與你一起生活的當下，得到你的身教、喜樂和慈愛。孩子們要的是與父母一起生活、工作和活動，而不是要看你的成就、傭人和家庭教師。」

工作固然重要，但不要忘了照顧家庭。把家庭擱在一旁，任其荒蕪，即使賺到錢，達到所要的成就，當心家裡已經殘破不堪，煩惱將會更大。我看到許多人把心放在事業上，而疏忽經營家庭生活，結果不但子女得不到正常的成長，自己的健康也受到危害。

時間即是愛

愛家庭，愛孩子，愛自己的配偶，那你就得有時間去和他們相處，創造氣氛，帶動情感。如果你沒有時間與家人相處，愛只是一個空洞的概念，所以說時間即是愛。我的意思不是天天廝守在一起，而是在忙碌的現代生活中，你要抽出時間來過家庭生活。

強固的家庭，其成員會抽時間一起吃飯、做家事、學習、聊天、遊戲，甚至一起參與宗教儀式。他們有時間探望長輩，拜訪親友，直到孩子長大獨立。有些人認為：

「我工作忙，應酬多，所以採取重質不重量，有個十幾分鐘跟孩子談談就很好了。」我警告他：

「十幾分鐘只能稱作寒暄，而不是與孩子交談。孩子真正需要的是從容的相處和交談，十五分鐘是不夠的。」

近年來離婚率提高，與夫妻之間缺乏時間一起生活，以及疏於經營共同生活的歡樂時光，有著密不可分的關係。生活在現代社會裡，忙是共同的現象，但無論如何，你要騰出時間與家人相處，要善用寶貴的假期，靈活使用自己的時間，並以家庭生活為重。

其實工作與家庭生活是可以兼得的。因為我經常在各地演講，所以我的孩子在國小畢業之前的星期假日，我們會租一部車子全家出動，一路玩過去，即使是中南部也不例外。到了目的地，我演講授課，秀真寫她的司法判決，孩子們則在附近玩得充實開心。我們領會到人生如戲的美妙。

隨著我一起工作，家人遊玩了許多風景區，參觀了不少大企業，也拜訪認識許多朋友或長輩。時間的有效運用，給我們家人帶來學習、成長和歡樂。忙不一定會影響你的家庭生活，有效的安排能使生活更美好。

欣賞你的家人

每一個人都希望自己被賞識，如果能把握機會表達對家人的欣賞，他們就會歡喜高興。透過欣賞，家人會有自信，主動性大大提高，更重要的是，人際距離開始拉近，彼此緊密的關係就能建構起來。

欣賞必須是真實的，所做的讚美也要具體。籠統說太太漂亮，不如說「妳身材怎麼保持得這麼好」；你說她能幹，不如說「你這道菜真是功夫菜」。欣賞和讚美孩子也是一樣。

父母親喜歡吹毛求疵，習慣用尖酸刻薄的語言，孩子也會有樣學樣，那家庭的衝突頻率，會隨著孩子成長，漸漸增多增強。我們很容易指正家人的錯誤，要求他改進，甚至愛之深責之切，彼此之間的互動會越來越緊張。另一方面，又因為容易疏於欣賞家人的優點，因此更容易形成敵意和對立。

我常聽到秀真在廚房裡，欣賞媳婦說「菜燒得好香」，欣賞洗碗筷說「伶俐乾淨」。她說得真實而自然，所以我和兒子偶爾風聞，都會彼此會心的笑著。秀真和我是天生的欣賞者，所以孩子們也很會欣賞我們。我們在真實的欣賞中，帶來向心力和歡喜的氣氛。

有效的溝通

良好的溝通營造家庭的歸屬感，並能彼此分憂，紓解工作和生活上的壓力。夫妻的感情來自交談溝通，親子間的信心和默契，也建立在有效溝通上。一位父親對我說：

「我如果不能與孩子一起談他們的偶像、流行和裝扮，又怎能跟他談學校的功課、學習、生涯和生活規範呢？」另一位父親告訴我：

「溝通有時要坦誠、直接而肯定，你該堅持的原則一定要堅持；溝通並不是說服，而是形成共識，獲得啟發，建立情感，創造喜樂。」另一位母親則說：

「家庭的溝通有時不需要什麼目的，光是彼此的交談就是一件樂事，一項令人滿足的幸福感。」

溝通拉近了人的距離，也形成交融的感情。除此之外，溝通本身就是一種實現，一種喜樂。

價值觀念的重要

強固的家庭需要一套倫理道德，愛、誠實、明理和責任，就是最普遍的規範。有些家庭甚至融合在宗教信仰中，形成共同勉勵和分享的精神糧食。

家裡有一套規範，就等於有了一套遊戲規則，彼此共勉而不冒犯。從落實倫理生活中，精神生活會越來越充實，人格發展也越健康。你的家庭有一套倫理，就有了幸福和快樂的保障。

最後，維護一個強固的家，必須有應付危機的能力。在無常變遷的社會裡，家庭免不了有困難或麻煩，這是無可避免的挑戰，你要有危機處理的能力。應付危機的方法，除了上述幾個要領之外，還要保持理性，避免意氣用事，必要時要向專家諮詢應變之道。

家是人生的一座堡壘，你能經營得好，才有精神力去面對變動快、挑戰多的現代生活。把心投入家庭，作為你人生的投資，應是一項最利多的抉擇。

拾柒

善盡親職的要領

父母親在指導孩子做人做事時，
必須合理，要切合實際，
符合孩子心智成長的狀況。
孩子不能被縱慣，
否則慾求過高，任性太強，
這對於他們長大成人後，
面對真實和接受挑戰，
都會產生負面的影響。

社會變遷無常迅速，教育子女的方法和要領，必須保持彈性和創意，才能把孩子帶得健康、懂事，具備主動聰慧的心理特質。

從事教育輔導工作三十餘年，處理不同年齡層的個案不可謂不多，卻發現許多關愛子女的父母，未必能培養出積極上進、身心健全的孩子。不少事業有成、婚姻和諧的父母，仍然面臨家門不幸，教養出問題青少年來。

孩子沒有得到正常的發展，生活適應困難，學習態度低落，讓父母傷透腦筋。尤其是孩子不務正事，沉迷於網路和玩樂，終日與不良同儕為伍，動不動就頂撞，不聽父母的勸阻，更令父母痛心。

我從這些痛苦的父母經驗中，了解他們所犯的錯誤；從問題青少年行為中，觀察其性格特質，把他們容易犯的錯誤歸納成幾個關鍵性因素，供作一般父母親教育子女的參酌。

父母親想把孩子教好，必須著眼於以下幾個特質的培養。我從正反兩個角度來描述這些特質的教育方法，相信讀者很容易就能把握其中要領，培養出活潑上進的孩子。而且最好是從國小開始，便須注意這幾個特質的養成。

明白事理

孩子為中心VS家庭生活為中心

孩子是家庭生活中的一員，父母疼愛孩子是正當的，透過疼愛才會成長，才有安全感。不過，如果你完全以孩子為中心，把孩子擺在第一，擺在不該有的特殊地位上，凡事都對他妥協，孩子就會養成自我中心。孩子成了王，稍大一點父母親就拗不過他，於是孩子變成不講理的小霸王。

父母親當然要照顧孩子，他真需要你的時候，你要在身邊；他真需要協助時，你要協助他解決問題。不過，他要你做的事若是他能做而且該做的，就應指導他，由他自己來才對。這能使孩子覺得自己有用、有信心和有價值。

以家庭生活為中心，能讓孩子參與家庭生活的責任，學習更多基本能力，了解父母承擔工作和家事的沉重。有這些經驗的孩子，不但學會負責任，同時也學會明白事理。

因此你不能事事以孩子為中心，大人成了他的傭人，任其使喚。他們不該被服侍得像老爺，無微不至的照顧很難讓孩子擺脫嬰幼兒時期的自我中心。

只要你的婚姻健全幸福，家庭的其他成員活潑、上進，彼此關愛合作，孩子們就能成長得講理、互助。反之，父母親把所有的時間都給了孩子，關注越多，給的越多，服侍得越周全，孩子要求的也越多，越不聽話。

請不要誤解，我並不是要父母對孩子冷淡、放縱，或對孩子揠苗助長，而是要用你的愛與智慧，把孩子帶進健全的家，學習互助，學會責任，學會講理。當他們表現出明白事理和責任時，請記得表示欣慰和欣賞。

父母親自己表現得明白事理，就能做出好的身教。所以，你的家居生活品質、婚姻生活狀況、親友的往來以及工作態度，都足以影響孩子心智成長。你要孩子懂事，也要自己表現出明白事理才行。

拓展潛能

抱以厚望VS胸懷野心

父母親要對孩子抱以厚望，而不是胸懷野心。無論成績好壞，遇到什麼挫折，都要抱以厚望，這樣你才會看得起他，不會貶抑他、批評他。學習的重點除了基本能力的熟練之外，更要培養求知的興趣和方法。父母能對孩子抱以厚望，就會有耐心陪他一起成長。只要你認為孩子有潛能，他就能走出正確的人生路。

抱以野心則剛好相反，父母親期望孩子出人頭地，名列前茅，要考上名校等，讓孩子的學習受到威脅，從主動學習漸漸變成被動的學習，甚至造成放棄學習，不肯用功。

野心使父母變得急躁，而忽略學習的過程；厚望則讓父母親有信心支持孩子成長，它能在學習過程中，發揮強大的肯定和鼓勵作用。我小時候成績表現不好，母親沒有批評過我，沒有對我表示過失望，倒是常聽到她說：「考幾分沒關係，只要努力就好，將來一定有好前途。」母親一直給我很高的厚望，欣賞我做對的地方，但不批評或責備我的成績，這樣的態度給我信心，也啟發我努力不懈的態度。

心理學家羅森瑟爾（R. Rosenthal）和傑卡布森（L. Jacobson）研究發現，教師如果對學生抱持高度的期望，會對學生產生良好的激勵。這個研究是在學年開始時，在每班找出五個學生，宣稱是經過測驗篩選出來最具發展潛能的孩子；實際上這些孩子都是隨機取樣得來的。這些名單公布之後，老師和父母都相信榜上有名的孩子最具潛力，即使現在成績不佳，表現不良，相信將來亦有好的表現，於是在言行中對孩子抱持高度的信心和期望，從而產生激勵作用。一年之後，這些孩子的成績和智商，都明顯提高。

這個研究明白告訴我們：父母對孩子有信心，就能在表情言談中，對孩子產生鼓勵作用。

第二次世界大戰時的英國首相邱吉爾（Winston Churchill），小時候成績落後，又調皮搗蛋，親友對他很失望，他受到的打擊也很大。當時卻有一位老師對他抱以厚望說：「孩子，你會走出一條光明的路來的。」邱吉爾受到激勵，決心努力向上，也克服許多難題，終於走出光明的路，對國家和世界和平貢獻卓著。在他的回憶中，經常懷念他的老師對他的鼓勵和厚望。

每個孩子都有獨特的天賦和能力，父母要尊重他的稟賦，相信他們能做一個好人，做一個自食其力、有良好適應能力的人。父母對孩子抱著厚望，孩子的信心就容易發展，自尊也就健康起來。

肯聽話受教

放任的民主VS權威的民主

孩子不聽話是父母最困擾的事。孩子我行我素，對父母需索無度，交友浮濫，不但怠忽課業，也會影響前途。孩子不肯聽話，接踵而來的是不負責任，生活失去章法，變得任性、放縱和叛逆。

兒童時期不聽話，不肯接受生活規範，到了青少年時期就變本加厲。有許多父母問我：「怎麼樣才能使孩子聽話？」我總是告訴他：「你要他聽話，他就會聽話。」如果到了你要孩子聽話他卻不聽話時，就表示父母親沒有掌握要孩子聽話的要領。那些不聽話的孩子，通常是以下因素造成的：

- 沒有認真要求孩子做好該做的事，或者當孩子做好該做的事時，沒有即時表示肯定和欣賞。
- 訂定一些孩子做不到的事，最後不了了之，養成得過且過的習慣。
- 一味以懇求、賄賂、威脅、恐嚇來要求孩子做事，或者對孩子講許多道理，卻忘了要求他行動。

●默許孩子對他該做但不喜歡做的事，經常以「我不喜歡」或「我沒空」來回絕，久之變成習慣。

不聽話的孩子，經常在父母要求他做事時，大聲的問「為什麼」、「幹麼啦」、「你煩死了」等等來向你挑戰。如果你跟他辯論和說道理，無異中了他的圈套。他不是不懂得該做什麼，而是不願意做，是懶得理你。你要在還沒有慣壞他之前，注意教養的正確方法：

●孩子該做的事，如有推拖，就要以嚴肅的口吻告訴他：「你該這麼做，所以我要你這麼做。」你可以給他一點彈性，在適當時間內去完成。

●孩子需索想要的東西，只要你認為不該給，就得清楚的解釋不給的原因。如果孩子採取賭氣、哀求或吵鬧，你要堅定的告訴他：「決定這樣做是我的責任，這件事情不必再談。」

一個家庭當然要有說道理、溝通意見的民主氣氛，但別忘了你是父母，你有教育和指導的責任。如果你沒有建立權威的民主，孩子會主從易位，不聽你的話。

不過，父母親在指導孩子做人做事時，必須合理，要切合實際，符合孩子心智成長的狀況。要求孩子做的，必須是他做得到的；你希望他完成的時限，必須考慮孩子的時間是否許可。保留一點時間的彈性，反而容易貫徹執行你的話，例如說：

「你在這個週末之前，要騰出時間協助打掃，你看哪段時間比較合適？」彈性中有了民主，但這項要求卻有著強制性，我稱它為權威的民主。

孩子不斷地在學習和成長，家務事和日常作息、看電視及上網的時間，必須要有人決定，學習的事也要做正確的指導，而決定這個機制的人最好是父母，否則家庭教育就無法進行，麻煩就會發生。

許多父母親不願意堅持正確的觀念和孩子該做的事，是怕他們受到挫折，唯恐傷及幼小的心靈。其實這樣的想法並不恰當，父母的決定如果是對的，那就該堅持，原因是：

- 堅持正確的決定有益孩子心智成長。
- 它帶給孩子明白事理的身教。
- 孩子一時或有挫折，但卻能發展出好的容忍力。

孩子不能被縱慣，否則慾求過高，任性太強，這對於他們長大成人後，面對真實和接受挑戰，都會產生負面的影響。孩子一向被慣得好好的，父母親事事讓步，就會養成不勞而獲的習慣。他們不肯負責，需索卻無限，對其前途為害之烈，莫過於此。

生活歷練

該做家事VS不要做家事

孩子在做家事中可以學到許多能力，這不但有益孩子心智的發展，同時也培養了生活的基本能力。做家事的孩子明理而且能幹；不做家事、嬌養慣了的孩子，反而生活適應能力差。

教育子女是要他們成長，有能力建立成功的生活，而做家事正是生活教育的基礎，孩子從中學會如何生活，待人接物，覺得自己有用，有信心面對現實的生活。

哈佛大學一位心理學家，曾經追蹤研究青少年長達數十年，他發現童年和青少年在兼職工作、負責家務、課外活動及解決問題方面，做得多的一組，比做得少的一組，在成年之後，表現明顯的優異。前者交遊廣闊的可能性高一倍，獲高薪的可能性大四倍，失業的可能性小十五倍，而且比較樂觀。此外，後者除了犯罪被捕的可能性高之外，精神不健全的可能性大十倍，未成年就夭折的可能性大六倍。研究並發現，智商、成績、教育程度、家庭的經濟和社會階層，對其後來的發展影響並不大。

可以從孩子小的時候就教導他們做家事，孩子喜歡得到父母的讚美，更重要的是，跟父母一起做家事，會有一種認同、溫暖和成就感的喜悅，這使他們願意學習，變得能幹，他的自尊也跟著健康起來。孩子幫父母做家事，不但能為孩子長大成人、適應現實生活做準備，使其手腳俐落靈巧，更可以幫助他了解父母的辛勞，感激父母為照顧家庭所付出的心血。

做家事的孩子比較能體會父母的心意，同理心也跟著提高，而且能培養其責任感。研究中發現，同理心好的人，人際關係較佳；肯負責任的人，不但身心比較健康，在學校的學習態度也比較認真。

許多父母親只重視孩子的成績和才藝，而忽略了家務工作對孩子的益處。我認為三歲大的孩子就能協助父母收納衣服、揀選菜葉，四、五歲的孩子就會收拾房間和玩具，六歲可以掃地擦地，十歲會處理一般性家務；如果父母帶得好，到了十八歲，孩子就懂得怎麼持家。

孩子是否負責能幹，跟做家事有關；孩子是否能面對現實生活，也與孩子做家事有關，因此，帶孩子做家事等於為他的人生打好基礎。不過，帶孩子做家事必須注意訓練的方法：

- 先指導他怎麼做，再放手讓他做。
- 做壞了要包容，要有耐心指導他，直到他熟練為止。
- 做得好就要用欣賞和讚美來鼓勵，當孩子主動為家裡操持家務時，父母更要表示欣慰。

●做家事要一起做，最能產生激勵作用；孩子最快樂的事之一，是和父母一邊做家事，一邊聊天說話。

願意做家事又能做家事的孩子，他們的發展潛力較好，待人接物也比較得宜，我希望父母能重視這個課題，重視這項生活歷練與陶冶。

從教育和指導諮商的經驗中，我發現父母若能重視以上幾方面的教導，孩子自然懂事聽話，積極的學習態度自然水到渠成，無論在人格發展或學業的表現上，都會穩定成長。這幾個要領若能掌握得宜，家庭的氣氛會變得快樂，親子溝通自然融洽，而真正受益的是全家人。

拾捌

生活的深度體驗

素樸和單純能令你成功地完成人生之旅，
它讓你的行囊減重，
負擔輕了，
就能走更遠的路，
做更多有價值的事。
從當下開始展開新生，
就能捨去過去的困擾，
締造清醒有智慧的新機。

人不可能獨自生活，他的知識、觀念和生活資糧，在在都需要社會供給。人所用的語言、思想和生存的能力，是透過父母的教導、家庭的照顧和人群的接觸，而且是歷史演化的結果。

因此，個人的生活依存在社會文化系統之中，他需要與別人合作，更需要與人建立關係和感情。社會生活是安全感、溫馨和心智成長的重要來源，沒有彼此的互動，就會陷於寂寞；缺乏人際支持系統，就會有困擾。一般而言，失愛和缺乏人際溫暖的人，是很容易情緒低落或生病的。

人除了投身社會生活之外，還需保持個人生活的獨立性和個別性。他既須努力投入社會生活，又必須獨立出來，以肯定自己的存在，領受自我的價值。因此，過度投入擾攘的社會生活，會讓人失去自在感而覺得空虛落寞；反之，長期陷入孤獨，又會感到焦慮不安。

現代人天天要在社會中討生活，無論職業如何，上班的環境怎樣，都脫離不了擾攘和競爭的社會。連晚上回到家，也脫離不了家人、電視、親友電話的紛繁，因此大部分的人缺少領受自我陪伴的悅樂，從而造成自己對自己的冷漠。我建議大家要重視個人生活的領受，及其所帶來的豐足感和悅樂。

找時間獨處

每個人都忙著工作和生活，但大部分是向外追求或應付，心理生活的內容一直受制於外面。周遭越是紛擾，心靈生活就越不能平靜。你需要騰出一點時間獨處，讓自己平靜下來，暫時擺開外在事務的干擾，會漸感安詳，並讓自己面對內在的世界；起先是一個波濤起伏的自己，平靜下來之後，就會面對一個安寧的心境。只要你能獨處一會兒，如靜坐或閉門養靜，獨自到僻靜的山林、海邊休憩個一天半晌，就能產生安靜妙悅的清醒。

獨處並不一定要過離群獨居的生活，而是擺脫打岔、干擾和塵勞的牽絆，讓自己獨立和自由，得到放鬆和紓解，讓心靈甦醒過來，看、聞、觸，領會到細緻的妙悅。它不同於向外追求和佔有所得到的悅樂，而是細緻且無以名狀的喜樂。

經過一段時間的安靜和獨處，你開始甦醒，生活的許多答案會在內部直接陳現。你不需要什麼當憑藉，就已經謙滿自信，找到真正的自己。我常常安排時間獨處，或者在家靜坐片刻，或者到高崗樹林裡，靜默總是令我豐收。

壯年以前，這種休憩方式給了我許多工作的創意，也常常是洗滌塵勞俗情的妙方。

獨處讓我有機會放下工作和生活的負擔，接觸到自然，接觸到靜謐的世界，從而進入無思之思的妙悅。霎時，有乍回頭已隔紅塵的心境，參觸到那個永恆、光明的本體世界，回神之後有著諸感交集的悅悟，也更相信智慧和愛是生活中最美好的品行，因為它們能讓我們在獨處時，有著與它同步，找到認同的感覺。我在一次獨處的經驗中，領會到愛與智慧的實現沒有大小之分，它就在日常生活中，比如家居做好垃圾分類，對人平和友善，對工作踏實用心等等。

開始學習獨處的前幾十分鐘，你會安靜不下，按捺不住，這需要耐性練習。如果你給自己一天時間獨處，到山崗樹林休憩凝神，起先或許會有些寂寞，切記不要打電話、不看報紙、不聽收音機等等。只有萬緣放下，才能領會獨處的妙悅，領受到祥喜，所以佛陀說：

當學聖默然。

保持適當獨處的時間，能提升對無常變遷的現實生活的適應力，能帶給你平靜和清醒的心境。最重要的是，你會發現真正的自己。

素樸的生活

生活在繁華的時代，眼前所看到的東西樣樣都很引誘人，當你受到的引誘越多，欲望也隨著提高；欲望和享受的抱負水準越高，心靈生活上感受到的欠缺也越多。欠缺就是貧窮或饑餓，人要避免淪落為精神上的饑民，那是不快樂的來源，是心靈痛苦的原因。

時下有不少青少年，被富裕的社會餵哺得欲望高漲，他想要的東西太多，一時又得不到，於是鋌而走險，步上人生的邪路。

就心靈生活而言，享受得越多，習慣於享受的要求越強烈。因此，即使有能力得到很多的享受，你還是擺脫不了它的束縛，因為一旦沒有了它，即刻陷入痛苦，所以人的精神生活要避免被享受困住的危機。偶爾享受，其喜悅不可言喻，但如果享受成為生活的習慣，人即刻變成享受的奴隸。所以我極力提倡素樸的生活。素樸的觀念出自《莊子・馬蹄篇》：

同乎無欲是謂素樸。

簡單的說，只有懂得素樸之道，才不會被不合理的抱負水準綁架。素樸就是單純的生活之道，它能帶給人類真正的幸福。

教宗若望二十三世在其所著《靈心日記》(*Journal of a Soul*)一書中說：「我年紀越大，越看出單純的思想、言行的莊嚴之美。它能簡化複雜的事物，並用最自然、開朗的態度處理一切渴望。」

多年前我讀到這段話時深受感動，把它記起來，當作自己人生的信條。現在重讀它，領會和感受更多更深。眼前，我們的社會真需要這劑針砭。

素樸單純的人，比較能對複雜的事做深度思考。他們清醒地接觸到真實，做出正確的判斷、言論和行動。他們也比較能坦率、溫和、無邪地把握該走的方向。我們所缺乏的正是這種美德。

素樸單純能令你成功地完成人生之旅，它讓你的行囊減重，負擔輕了，就能走更遠的路，做更多有價值的事，並能創造喜悅和滿足。請記得！美好的生活是一段由繁而簡的旅程。

素樸單純的人生態度，能讓我們發揮潛能。在這個繁複多變的社會裡，有著以簡馭繁的效果，使自己更能勝任眼前的一切。我強調素樸的重要，不是要你回歸簡陋窮困的生活，而是保持素樸的心和態度，才能活得更有價值。

敞開的心扉

在複雜、多慾和競爭的社會生活中，我們對事物好奇、新鮮和探究的敏銳度會漸漸降低。就像口味養重的人，對清淡的食物會覺得索然無味一樣；心靈生活也是這樣，長期被競爭和功利的價值薰染，久之對於其他的生存活動就會變得漠然。實際上，功利的價值是生活的一小部分而已，大部分的心靈生活正等著你去開拓。

我們常因為趕時間，而疏於覺察生活中的趣味。父母親從一大早就只注意到叫孩子快起床、快吃飯、快去上學，疏於玩味早晨的清新和安適，忘了晨光的美麗，彼此問安的祥和，以及早餐的美味。在一天的開始，所接觸到的就是乏味，而不是喜悅和希望的開始。

大家把學習的焦點放在成績單上，所以忘了興趣、欣賞和試探的好奇。於是，成績落後的孩子討厭上學，學習對他們而言，變成乏味和沉重的負擔。好奇心壓抑成型，敏銳的辨識力漸漸消失，對事物的觀察變得遲鈍。

我們很容易見怪不怪，好像看多了，世上沒有什麼新奇的事，所以看不到疊疊青山的雄渾，月明星稀的遼闊，四季風物改變的美麗。人的心就在「想當然耳」的觀念中，變得越來越蒼白貧血。

我們都該保持童心，讓好奇和敏銳發生作用。這樣，神話故事一般的想像會進入你的心，化為創造的原汁；周遭事物會化成新鮮的啟示，令心靈活躍而充實。更重要的是你的同理心會漸漸發達起來，會領受到萬物都能和你交心的樂趣。在宗教的信仰上，也會有著深度的領悟，開展出活潑悅樂的情操，以及博愛寬大的態度。

晚秋的一個清晨，大雨不減夏日雷雨的氣勢，我獨自一個人上山，來到一處茅亭，我稱它為「田家小厝」，放下簡單的背包，找個地方坐了下來。我聽到小黃鳥的歌唱，和聲的是白頭翁，伴奏的是秋風和驟雨。我坐在那兒凝神入定，卻又清醒地領受大自然的樂章。陶醉在無盡的美裡，一時我優游在上蒼的恩寵之中。

敞開你的心胸，萬物都會來與你交心。這比你一味追尋和佔有，所得的樂趣要多上千萬倍。然而這並非意味不需要工作和努力，而是提醒你適時敞開心靈，會讓你在精神生活上豐收。

向前看去

每個人的成長都背負著過去留下來的記憶，有些是喜，有些是樂。這些記憶資料，既可以成為思考判斷的參照資料，也可以化成執著，形成不安、內疚、嫉妒和焦慮的來源。如果凡事能往前看，把眼前的事弄清楚，不惦記過去的情緒經驗，就能從中解脫出來，重新生活，保持清醒的思考和態度。

一位女士對於先生的不忠實長期耿耿於懷。雖然先生已經結束那段露水姻緣，但妻子內心的創傷一直無法平復，一直記恨著先生。表面上他們保持相安無事，但夫妻的敦倫只能虛應故事，所以非常痛苦。她的心情沮喪，憂鬱症正襲擊著她的未來。有一次，他們夫妻一起來晤談，經過一番交談後，我告訴他們：

「人要往前看，而不是回頭看。往前看一片榮景和新機，往回看則滿是坎坷和猜忌。著手努力經營家庭的喜樂，有助於割捨過去的創痛。你能善始，就能善忘；妳願意寬恕先生，就等於捨去自己的創痛。你們都是有信仰的人，你想從痛苦的深淵投入彌陀的慈懷，就從這件事情開始吧！」

這一對夫妻重新開始他們的婚姻，安排了蜜月旅行。想不到在孩子都長大之後，才開始新的親密計畫。不久之後，太太的憂鬱症就漸漸消失了。

禪的教導就是要我們看當下。從當下開始，開展新生，就能捨去過去的困擾，締造清醒有智慧的新機。捨去舊的觀念，有助於學習新知；努力學習新知，就能擺脫過去的枷鎖。這樣，就能領受生活中的美好，開展更好的人生和未來。

放下過去所留下的障礙和煩惱，能讓我們清晰看到美麗的人生圖案。

生命是一個澎湃流逝的過程，轉經許多曲折和阻隔，形成許多浪花和波濤。乍看像是奔騰洶湧，真實它的水性永遠都是柔軟、活潑和清涼。只要你靜下心來，就能領會到超越崇山峻嶺的美妙，創造壯闊山河大地的神秘。你自己的生命，正如實地呈現出它的真諦。

拾玖

傾聽自然的啟示

在無常變化的生命過程中，
需要有個洗滌，
需要與大自然接觸，
因為大自然是我們的老家。
離開大自然的母親太久，
會有孤獨漂泊之感。
要經常接近它，投入它的懷裡，
你才會得到安慰和甦醒。

人來自大自然，文化和性格特質都受到它的薰陶，幾百萬年的進化，深深影響我們的心。自然就是每個人心靈的母親：當你孤單時，它擁抱你、陪著你；悲傷時，它體恤你、治癒你；落寞沮喪時，它安慰你、鼓勵你。在無常的生活挑戰中，大自然給予的愛，只有在你接觸它時，才會真正的領受。

世事無常，無論怎麼變遷，你所受到的委屈和虧待，只有大自然默默地聽你傾訴，像慈父一般，給你心靈上的支持。無論你有多大的傷痛，只要你接近崇峻的大山，依偎在強壯的岩壁上，稍作休息，聽聽它的呼喚，自然地會拭去淚水，答應它堅毅地活下去。

大自然是我們的家，是人生的資糧。你的身體、血液、思想和知識，都來自於它，你受到大自然的擁抱和疼愛，你的色身和人生中的一切，都是它賜給的。所以當你接近它時，就有著回家徜徉之感。無論你流浪到哪裡，在天涯海角的哪個地方定居，別忘了要常常接近它，領受它的恩賜。

在百忙中抽空到深山裡度個假，安坐高崗峰頂，瞭望群山，鳥瞰白雲，便有俗情盡忘、心胸開闊之感。試著濯足青溪，細聽流水，水聲在告訴你無常的歲月中，也有一個永恆的世界，等著你去接近。一陣山風，一抹浮雲，雨露蟲鳥都在這時候與你共同讚嘆美妙的音聲和色相，你當然要虛心領受這項恩典，得到它的洗滌、安慰和啟發。

在與大自然的接觸中，你會得到喜悅、勇敢、純樸和睿智。你的心靈因為大自然的力量而變得安定、自在，不再憂鬱和寂寞。城市的人因為越來越少接近大自然，每天在灰色水泥建築中討生活，在聲色場中尋找娛樂，活在幻化空虛之中，於是心理的疾病漸漸流行起來，憂鬱症等情緒困擾便成為現代人的夢魘。

接近大自然，投入它的懷抱，可以滌蕩塵勞，滋養心靈，培養雄偉開闊的胸襟。投入大自然時，不妨注意以下要領：

融入與忘我

走入大自然的懷抱，遠離塵囂，除了準備必要的裝備之外，最重要的是萬緣放下，不去想工作和生活上的事，不談論是非，不牽掛俗物。與同伴一起專心欣賞自然之美，仔細觀察一景一物，談笑以輕鬆愉快的眼前所見為主。如你選擇登山，只要一步一步前行，耗氧運動自然帶來鎮定，心境漸入專注純一。步行時間久，體力勞頓，令你俗情盡忘，所見所聞都是清山溪聲之美。要邊走邊佇足遠眺，累了就休息，稍歇後即前行。漸漸進入忘我：你與山相融，山與你一體。呼吸聲令你入定，蟲鳥鳴啼令你超越凡情，而入於殊勝境界。

登山或曠野步行，全程需要數個小時；有急有徐，有力爭上游，有閒坐談笑，有小坐飲食，有忘懷欣賞沿途風光美景。你無須別作用功，就能進入定境，得無盡法喜。

如果你到海邊，要沿著海岸步行，欣賞海的寬闊，領受海灣曲態，海岸綿長。接著可以沙灘戲潮，可以在清淨的卵石堆裡尋寶。忽然，你感到滿心清淨，有節奏的海浪波濤與你的呼吸同步，與大海相契相融，因此而有渾然忘我之感。

乘著小船，向外海駛去，你離開了凡俗，投入大海的懷抱。晴空萬里，白雲悠閒，隨小船擺盪，有如搖籃一般安詳，伸手戲水，與海同一歡悅。回看陸地，山巒起伏，青翠潔妙，怎不珍惜所居住的寶島台灣呢？由衷生起感恩之情。眺望離島，靜靜坐於婆娑之洋裡，我與它相對靜默，而有同證毘盧性海之超然與喜樂。

每一次我接近大自然，無論高山、海洋或鄉野，總是融入它寬大、雄渾和慈悲靜謐的懷裡，得到深度的撫愛，得到完全的洗滌，自我中心的俗情一時剝落。一天的徜徉或幾天的度假，盡在不言中豐收。

寧靜與聆聽

當你俗情盡忘，只剩下節奏的呼吸，與登山的步伐相應，與海洋的波濤同步，你的思緒不再複雜，視野變得開闊。你或坐或臥，在大樹下或在高崗上，享受著無比的清淨。所見景物在對你低語，你也在回應它，而且是用你的表情和肢體語言表達。你聽到的自然之聲，無論雄渾壯闊的海濤，或鳥啼蟲鳴的宛轉，都會引你與它唱和，而且是音聲所不能表達的情歌。你驟然成為哲人，領會到生活的妙悅，契合生命的價值和意義。你領會到世事無常，得失隨緣，只有此刻才參透永恆。

此時，若是春天，和煦陽光使你溫暖，燦爛的花朵逗你開心喜悅，每株花草，每條汩汩的細流，每一聲蟲鳥細語，都對你陳現不可思議的妙境，終能領會這些廣長舌相中，所演述的真諦。為小小的失意所衍生的憂愁和不安，自然消退，剩下的是春和景明之美。

若是夏天，就會領受大自然豐腴之態，周遭瀰漫著夏日的濃香。樹蓋上加著綠傘，綻放著芬芳；山坡綠林裡，蔓藤正開著各色鮮花；偶爾來個雷雨震撼，揮走你的倦意，一會兒雨過天晴，告訴你晦暗之後，總會有陽光。特別是夏日的夕陽斜照，彩繪著有限人生之外，有個亮麗的希望，那兒正是心靈的歸宿。

夏夜的郊野，偷偷地和你分享大自然的瑰麗珍寶，滿天星斗的喜悅，無垠銀河中的故事和傳說，只稍坐在磐石上，躺在斜斜的石板上，就能聆聽許多生命在絮絮話語，它們總是和著長夜的蟲鳥，譜出美麗的生命樂章，一次一次的向你敘說無常中有美；無常的生命之中，只有一段盛事，直需好好把握才對。

倘若你是在秋天來到大自然的家造訪，不該只偏私楓紅之美，那就掛一漏萬了。人生也是如此，你不能只把眼光投注在名利上，而要回顧它的華麗。有許多的樹在秋天開花，像春天一樣的氣氛，它們在蕭瑟到來之前，還來個生命的豐慶。樹林的綠已經暗淡，但樹下色彩繽紛的落葉，卻有著豐收的璀璨。無常的人生之秋，是否在心靈上累積了這些美妙豐收的瑰寶？你在無常的生命中，可曾看清花開花落，而一切的美卻將成為明年春天的沃土？

如果到國外旅行，緯度高些的北半球，秋天一到，樹就開始把養料回收，樹葉泛黃掉落，它把內力保存在樹根和樹幹上，準備迎接無情風雪的挑戰，同時在蓄勁待發，等著春天一到，展現生命的風華。大自然的絮絮之語，你會在寧靜中得到啟發和覺悟。

冬天的大自然是莊嚴肅穆的，投入它的懷抱，能領會它的冷冽，而且是純樸冷峻。在高山上，在郊野裡，無處不示現著生活現實的嚴酷。山頂的寒風中，你聽著它低哼的曲子：朋友！脆弱就經不起冷酷的考驗，堅強才能堅持得了這段艱辛。

在寒冬的郊野討生活，是一種歷練和成長，它給每一個受過自然洗禮者，一個寶貴的精神力量。它們無畏艱難，有毅力活下去，在困境中還能活得好，還能得到呵護；但只能在春天長得豐嫩的植物，很快就枯萎死亡。你會領悟到保護太過的下一代，就像脆弱的花草，它們枯黃在郊野和寒風之中。對於愛的真諦，對於教育子女的觀念，對於自己的成長和磨練，這時會有篤實的定見。

甦醒與修持

虔誠踏入大自然的殿堂，與它相融同步，從中得到洗滌、聆聽和對話，你會有清新的領悟。一天的逍遙和沉浸，內在的自己開始甦醒過來。我們不妨把這個深度的自己稱為真我：它既不與名利相混雜，也不隨無常起舞。一個篤篤定定的真我，能清醒、精進、輕鬆和覺察生活與工作，同時也知道這些如戲如夢的活動不是最終的目的，而是一個無可把握的歷程，最後是真我的開啟和成長。

經過一整天的登山、戲水或郊野徜徉，你感到無比的清醒，身體疲倦了，精神則舒坦了。你離開塵世中的紛擾，自律神經已經和緩健康起來，再經過一夜的休息，次日會有清醒和積極的態度，對於人際的傾軋，是非的掙扎，不再以負面的態度看待它，而是平靜、清醒和覺察，努力面對真實的當下。

甦醒使你的生活活潑，敏銳地感受令你享有更多樂趣。仁慈與智慧，耐性和精進，身心與靈性都得到調和。你既能認真負責，又能看得開、看得遠；能提起，也能放得下；能享有許多樂趣，卻不拘泥執著。因為你從大自然那兒得到甦醒的力量。

甦醒使一個人的左腦清楚，能做更好的分析思考，在工作和營生上有更好的創意。它同時使右腦不被分析思考所干擾，有更好的直覺，得到喜樂、安詳和自在感。

每一次接近自然，都會與大自然對話，從它那兒得到淨化和喜樂，讓真我越來越清醒。你成為自己的主人，不再被紛擾和誘惑欺矇。不過，你不能就此罷休，而要維持它，保存它，讓自己繼續擁有這些心靈的自由和喜樂。

為了保持它，就必須有修持，每天把大自然的啟發和恩賜，做定課一般的練習、思維和檢討。為了有效保存，應該把當天接觸大自然的領悟和喜樂記下來，常常閱讀。若能用相機拍下情境，時常瀏覽，則更有省發作用。

為了保存接觸大自然所得到的清淨和領悟，我習慣從它那兒撿拾象徵的石塊，幾粒特殊的乾果，或者幾片樹葉，放在書房或辦公桌上。它們總是綻放著芳香和音聲，提醒我美妙的領會和恩賜。

在無常變化的生命過程中，需要有個洗滌，需要與大自然接觸，因為大自然是我們的老家。回過老家和親人相聚談敘之後，你會覺得安定、喜悅和滿足。離開大自然的母親太久，會有孤獨漂泊之感。要經常接近它，投入它的懷裡，有如走散的子女重溫慈親之懷，你會得到安慰和甦醒。

活在無常變動的現代社會，每天面對諸多擾攘和不安，在競爭和追求效率中生活，你需要恬靜和超然的體驗。只有接近大自然，才能得到這帖安神良方。

享受大自然，也要保護大自然。把享受和愛護化為行動，會得到更多的喜悅和安適，並找到精神生活的真正歸依處。人越能領受大自然，就越有能力在瞬間多變的現實中，堅毅喜樂地活下去。這份自然的恩賜，你不能缺席，也不能冷漠。

貳拾

面對無常的人生

生老病死讓生命呈現出不確定的本質。
你今天擁有的年輕、健康和俊美，
是注定要走向衰老、病痛和死亡的。
要看清有情生命是有限的，
關鍵在於心，
而不在於你擁有什麼。

每個人都生活在不斷變遷的現實中，它的特質是無常。生活的本質就是不確定性：要不斷面對情境的變化，也要面對自己的變化。我們生活的環境不斷在改變，社會結構、經濟生活、文化現象和生活方式都在改變，生活與工作的內涵就在於回應不斷的變化。生活的本質就是無常：必須用智慧看清周遭的變化，不斷學習新能力，發揮創意，以面對「活下去」的挑戰。

人不但要面對環境的變遷，也要面對自身的改變。從出生到死亡，身體不斷在變，想法、情緒、情感和自我觀念都在變。如果不能清楚認識自身的改變，做適當的調適，生活就會失調，帶來痛苦和挫敗。

無常是生活的真理

生活的本質就是無常，它的特性是適應不斷的變化。如果用兒時的生活態度去面對成年生活，會表現出過度依賴、任性、不負責任等現象；如果連說話的語氣都用兒時的那一套，就造成倒退現象，精神會出現問題。當然，社會是改變的，如果用過去的觀念理財，用落後的技術從事生產，用舊的市場觀念行銷，就注定要失敗，會帶來痛苦，陷入生活困境。

無常既是生活的真理，面對無常的不確定性，必須認清它，用智慧去回應它。人注定要當一位清醒覺察的生活者，又稱為覺者，「佛」的原義就是做一位覺者。人要活得好就必須時時保持覺察，用智慧把事實看清楚，那就叫如來，而如來佛就是時時保持清醒，能用智慧看清真實的覺者。

人要在工作中看清真實，才不會錯誤；在生活中看清楚，才不會迷失；對生命看清楚，才會活得好；對感情、自我觀念乃至身體的變化看清楚，才不會產生太大的痛苦。要想看清楚它們，就得先了解它們的無常和不確定性。

我們用往日成功的經驗來解決現在的問題，未必會成功，因為它的工具性或有效性已經過期。可是大部分的人卻沾沾自喜，抱著過去「成功」的經驗不放，造成知識的執著，然後從成功的榮景中漸漸掉入失敗的創痛。這種現象在心理學上稱為適應性退化（adaptive regrassion）。人必須懂得從原來的知識結構中「解脫」出來；他必須抱持「謙虛」，要了解「空」的真諦。

人的感情生活也是一樣，如果一個人執著在依賴的方式，不能從中解脫出來，就會有嚴重的不安，演出控制戲碼，造成更多爭吵和摩擦，而不能產生互相扶持，無法發展獨立性，開展有創意的愛情生活。當一個人的感情是執著在追尋快感，他會不斷濫交下去，一個換過一個，直到他沒有人要，而陷入無限的孤立和無助。

生命只是存在的一個向度

生命也是一樣，如果你認為生命是永恆的，永遠在同一狀況下存在著，就會對自己的地位、財富、容貌和權力過於執著。這不是意味要放棄人生，無視於地位、財富、容貌，而是指出人在擁有它時，也必須明白它的無常，這樣才能活得灑脫，才不會被身外物給綁架，才有真正的自由和性靈生活。

生命是無常的，生老病死讓生命呈現出不確定的本質。你今天所擁有的年輕、健康和俊美，是注定要走向衰老、病痛和死亡的。要看清有情生命（五蘊色身）是有限的，如果你不看清這個真實，就無法在面對生死時有所承擔；如果不了解這個無常的真理，就很難以雀躍之情去珍惜「當下」現在的生活，領悟出短暫生命的可貴和意義。

有情的生命是限定性的，是以五蘊色身做舞台，它在表現你的精神力，提升你的智慧和慈悲心力。它在無常的挑戰中接受試煉：順有順時的引誘和挑戰；逆有逆境中的磨練。問題不在順逆，而在於你能否清醒地回應，讓自己的智慧與愛放光。關鍵也不在得失，而是在得與失之前怎麼做、怎麼覺察；在得與失之後怎麼自持、怎麼調適。關鍵在於心，而不在於你擁有什麼。

有情的生命只是一個存在的向度，人不能執著在這個向度上，而應珍惜這個有情的生命，同時領悟到其他向度的存在。其他的向度不是用我們所見的色身生命存在，而是用我們的心識存在。

所以，我們既要好好珍惜有情的生命，努力生活，開展智慧和意義，同時也能認清，這個舞台上的所有道具、戲碼和得失，你終究不會帶走，即使你執著想要它，也帶不走它。如果你的心識不肯放下，不肯從中解脫出來，就等於演戲的人穿著戲袍回家，不是不可以這樣做，而是這種行徑無異瘋狂，它就叫無明。

生命的意義

我們在無常的情境中生活，透過智慧去覺察，透過經驗的累積增長智慧。但我們卻同時也不斷地捨棄舊知和舊經驗；我們不斷的努力，也不斷的解脫。就有情生命的過程而言，得到福報、喜悅和成功，在生命終了時，則從有情生命中解脫和成長，邁向一個更高層的存在向度。於是，佛陀在《雜阿含經》一開始就對弟子們說出生活之道：

我生已盡，
梵行已立，
所做已做。
自知不受後有。

人生活在無常的情境之中，無論在認知、情感、生活與工作上，都必須清醒地面對挑戰，不管成與敗都必須從中解脫出來，這樣才有清醒的智慧去過好生活，精神才能不斷成長，慈悲與智慧力才能不斷發展。所以要從貪欲中厭離，要從愛染中厭離，要從憎恨中厭離，要從痛苦和快樂中厭離，厭離就是解脫。只有這樣才能孕育智慧，檢證經驗，讓有情的生命活得好，讓永恆的慧命發展下去。佛陀說：

> 當觀五蘊無常（指有情的生命），
> 則為正觀。
> 正觀者則生厭離，
> 厭離者喜貪盡，
> 喜貪盡者心解脫。
> 心解脫者，
> 若欲自證則能自證。

這裡所謂的自證就是前面說的「我生已盡，梵行已立，所做已做，自知不受後有」。自證可說是生命的圓滿實現，是心靈的開悟，看到永恆的真理。

日常生活中做過了就要放下它，不要執著在那裡，在心中起煩惱和無明，徒然增加壓力和困擾。好的壞的都要放下它！只有放下才有輕鬆和清醒，才能面對下一個無常的挑戰；也只有放下，你才能領受生活的喜悅和自在。

工作做完或者下班時，該放下它：工作時專心工作，休息時悠閒休息。從承擔到休息，從娛樂到工作，都透過解脫和放下的過程來面對無常的生活；都必須懂得解脫或厭離，才能轉換過來。

提得起、放得下的生活

生命走到終點，也是無常的一部分。要捨去有情生命的生活執著，才能進入天國，進入喜樂的淨土世界。執著在有情生命中種種的情染，將無法正確迎接下一步的無常。我們不知道下一步是什麼，但憑著解脫、清醒智慧和慈悲，我們有信心走在正道上。

有一次我去醫院探望一位臨終的病人，當天她的神智清楚，卻帶著懼怕和絕望。她噙著眼淚說：「我捨不得離開家人，更放不下……」我與她交談了一會兒，知道她心中有百般的不捨和埋怨。不過，現實終歸是現實，面對真實即見如來。因為她是一位佛教徒，所以我為她做了以下的開示：

「妳是一位虔誠的弟子，今天我來探望妳，為妳帶來的是佛法。妳是知道的，色身無常，它的真相是生、住、異、滅，人的身體終究是要衰敗的，這連佛陀也不例外。妳來人間生活了將近六十歲，妳看到的、享用的、奉獻的和經歷的事，已經不少。當然，比起八十歲的人，妳的壽命是少，但人生中最精彩的、最有價值的，妳已做了最好的發揮。

「回首前塵往事，妳苦學有成，妳辛勞奮鬥，多麼精進！妳勇於任事，奉獻在教育工作上，作育那麼多英才，生活得多麼豐富！眼前不是一片絕望，而是一場生命的豐收。妳相夫教子，家庭幸福，子女都已成人，他們獨立堅強，精進好學，前程似錦，那是妳經營出來的，是妳人生的表現。

「人的色身終究是會衰敗的，這是真理，是一個事實；然而色身只是人生舞台上的戲袍，戲碼演完之後，就要脫下來。妳不能一直穿著戲袍到處走，而是演完了就要放下它，不要為它而執著。這樣妳的下一個功課：妳嚮往的彌陀世界才能實現。

「妳要看清楚！病只是色身的病，往生是捨下色身進入一個高層的世界。妳不要忘了佛、法、僧三寶，要決心前往彌陀的喜樂世界。病就只有色身的病，不要讓它波及妳的心，要保持清醒和覺察，用所剩不多的日子去讚美佛，去嚮往彌陀世界之美，就像期待一趟美好的旅行一樣。

「這些日子妳躺在病榻上，千萬不要悲傷，而要珍惜剩下的一點生命，好好的修行。臥身病榻正好閉關，病中有很多痛苦和不便，那是生命的最後功課。心甘情願承受生命最後的煎熬，決志往生極樂淨土。要珍惜短暫的振作，不妨以落日餘暉去照亮家人、溫暖照顧妳的醫護人員！

「佛陀告訴我們生命圓熟的至理，他說：『我生已盡，梵行已立，所做已做，自知不受後有。』這就是證自證，是生命的圓滿和超越。妳已是生命的豐收，沒有缺憾。請記得！要虔誠念佛。」

她聽過我的話，頷首合掌，面露寬心的笑容。她說：「我沒想到自己的生命原來如此豐收，聽了你的開示，我身心輕安。多少日子來，沒有像現在這樣愉快過。我像在落日餘暉中找到了寶，找到新的旅程圖。」

生命之旅和地圖

生命的真理就是承擔與實現，看清生活是無常的，所以要不斷捨去成見和執著，要從舊知識與經驗中解脫出來，這才能安定清醒的面對無常。無常就是真理，透過它的啟示，我們成功面對生命之旅，從中得到喜悅和豐收。每個人都在無常中找到真我的常性，它就是自己的慧命，永恆存在的慧命。發現到這個真實，無異看到生命的如來，它被稱為見性。

每一個人所擁有的東西只是暫時的。你所有的色身、財富、地位和家庭，名義上是你的，而事實上它屬於自然，它是你生命舞台中的道具。你的知識、感情和經驗，也不是屬於你的，它是人類長久以來累積的結果。至於你呢？只是一位演者，重要的是你要成為有智慧和愛心的演者。

別忘了你在扮演人生的那顆心，那是你真正的自己。千萬不要被愛、恨、情、仇給綁架了，不要被野心和貪欲給綑住了，要讓它表現出慈悲、智慧和清淨。

貳拾壹

知道生也要知道死

對死亡和臨終的無知，
導致許多臨終者的痛苦，
也為家屬帶來困惑。
對於如何慈悲善待臨終者，
這方面的知識亟待大家推廣，
避免在人生的最後一課，
做了偏差的回應。

生命是從生到死的過程。我們既需學習求生和營生，知道怎麼活下去，有能力活得好，活得喜樂和幸福；同時要了解死亡的本質，能給臨終的人祥和、安寧和尊嚴。

然而，一般人只重視營生、追逐和佔有，努力遂行他的抱負和目標，但卻忽略如何領受死亡，對臨終者予以正確的關懷。病危、臨終和死亡沒有人能倖免，我們對它的疏忽，往往使生命輸在結局上。

我發現許多人在衰老或病危而臨命終時，由於自己和親人缺乏死亡的知識，不懂得臨終照顧，而活得痛苦、孤單和寂寞，甚至抱恨以終。我的祖母臨終前，意識時而清楚、時而模糊，當她清醒時，會這樣告訴我：

「我不想死，我害怕就這樣死去。」當時我剛上大學，所知有限，我只能安慰她說：

「醫生說妳會好起來的。」

我很清楚她已漸漸走近生命的終點，但她對未可知的死亡存在恐懼，就說她痛苦，家人也陷入嚴重的不安。後來我讀了許多死亡經驗的臨床研究，事實上，那是人類精神世界的一部分，臨終者透過死亡躍升到另一個高層的存在，只要你抱著愛與智慧去生活，不是違反自然的自殺，都是一次解脫軀體，奔向光明的過程。

我也看過親友長輩在病危臨終前，躺在病榻上遭受極大的痛苦。有一次，我去探望一位癌症末期的老人，他已陷入沮喪和無奈；躺在醫院的病榻上，大概是為了避免他把鼻胃管拔掉，所以雙手也被固定在病榻上。老人家已經十分虛弱，腫瘤四處蔓延，就用這樣的方法維持他的生命到辭世，對臨終者是一種慈悲，或者對他生命的不尊重？我看在眼裡，十分難過，尤其是在昏暗的狹小病房，看到他的掙扎和呻吟，連想翻個身都不能。這活生生的一幕，讓我對臨終關懷和安寧病房的觀念，有了積極的啟發。

對死亡和臨終的無知，導致許多臨終者的痛苦，也為家屬帶來許多困惑。由於臨床死亡經驗的研究，以及臨終關懷觀念的漸受重視，我們不再對死亡有著莫名的恐懼，對於如何慈悲善待臨終者，也有了文明的作法。然而，這方面的知識亟待大家推廣，避免在人生的最後一課，做了偏差的回應。我在這裡就臨終大事，提出幾個值得深思的觀念。

尊重與了解最後一段生命

臨終的這段生命，就像夕陽西下，日鼓終要落入地平線。這時應該被尊重和安慰，對臨終者而言，是迴光返照的日子；對重病者漸漸朝向生命之完成而言，更是一段回顧和整理的時光。如果，我們只是為了拖延少許存活的日子，疏於對他的尊重、關懷和愛，給他機會做逝去的心理準備，這生命的最後一課等於是荒蕪。

因重病而接近臨終的人，有權利知道他的真實病況，才會有充分的心理準備，從抗拒、憤怒、掙扎到最後的接受和平靜。這個過程對他而言，是一種心智成長，他將認識有形生命的寂滅，而不是死亡；他領會到自己像是演完了一齣戲，現在要離開劇團，去試探一個未可知的未來和希望。如果他沒有得到真實的告知，就等於來不及做心理準備；也沒有機會在還清醒時，做他該做的決定。

每一個人都希望得到應有的尊重，當然這也是人權的一部分，特別是要揮別這個有形的五蘊世界。這生命的最後階段，自己不能決定，事實上卻帶來更多痛苦。因此，臨終的最好照顧方式是安寧，減少痛苦，有人安慰和交談，甚至做些生命的啟發。對臨終者最容易犯的忌諱是：

- 不告訴他真相，繼續哄騙他，以為這樣可以使臨終者活得比較好。但最後突如其來的絕望和身體的痛苦，會引發強烈的憤怒、痛苦和沮喪。
- 對臨終的知識缺乏，一味的害怕，以致疏於照顧臨終者的感情和情緒，缺乏協助他達成想完成的希望。
- 不了解臨終者的心情，對於談到生命的課題不知所措，甚至一味搪塞，使臨終者更抑鬱、更失落。
- 對生命的終究和瀕死經驗的知識缺乏，而造成家屬的哀傷和冷漠。

如果每個人對生命的最後一課有起碼的了解和認識，對於親人臨終時，就會有坦然面對真理的作法，甚至還可創造臨終時的溫馨，使亡者得到最後的善待。生命的最後揮別，不應是充滿著誤解和冷漠，而是溫馨地道別和輕喚著珍重！

一位癌症末期的病人，在住進醫院後，家人為了他能安心養病，所以一直隱瞞病情。隨著時日過去，病痛加劇，為了抽痰只好開鼻胃管；便尿失禁，只好包紙尿布，他這才明白過來自己已經沒有希望。那時他陷入無法動彈、不能說話的狀況，人雖然清醒，但他的處境就像與自己無關一樣，聽由別人處決。他缺乏別人真心的交談，缺乏心靈上相互支持的一段溫馨。沒有來生的希望，沒有辭世前的安慰。

我看過這樣的臨終者，但由於其家人的保守和缺乏了解，真的無法使上力。於是我極力鼓吹了解和尊重臨終者的處境，更呼籲安寧病房的重要，並提醒大家不要冷漠地把它視為等待死亡的病房。

創造最後一抹夕陽

人在重病臨終時，並非就表示他的生命動力和創意已經用竭。在精神生活上，並不等同於虛弱不能動彈的軀體。從文獻中可以看到一些人，他們的精神力和意志力，到了最後一刻還是堅毅可感。他們表現出來的愛和光輝，就像美麗的晚霞，留給許多人啟發和感動。

日本山崎章郎醫師寫過《人生的最後一堂課》（中譯本圓神出版）一書，他是一位提倡臨終照護，強調生命尊嚴，對臨終者做更多安寧照顧的醫者。在他寫下的許多故事中，提到一對同時面對臨終的老夫妻，起先是太太罹患大腸癌，先生在醫院陪伴照顧，不久先生也罹患肺癌。由於肺癌病房距離在車程四個小時之外，從此，兩個人就被迫分離。老太太身體越來越虛弱，但渴望見丈夫一面，安慰他幾句話，所以她每天練習走路，希望有朝一日可遠行，實現探望老伴的願望。然而癌症不斷奪襲她的體力，她無法使體力好轉，眼看希望泡湯，顯得落寞。山崎醫師知道她的渴望，體會他們的真情，於是主動跟家屬商量，得到院方的協助，把握機會讓他們見面。因為再過一陣子，恐怕就沒有機會了。

當病人得知可以去探望丈夫時，喜出望外，換著一身整潔的衣服，迎著笑臉，做了打扮。在醫療配備齊全下，終於克服萬難，到了丈夫的醫院。她們彼此握著手，互相的點頭，落下眼淚。他們的這次相見只有十五分鐘，話並不多，但短短的時光卻道盡鶼鰈情深的千言萬語。晚上回到醫院，老太太雖然疲憊，卻面露微笑。她對醫師和護理人員說：

「託你們的福，我和我先生見面了。另外我還到附近女兒家坐了一會兒，我已經心滿意足，謝謝！」

當天晚上她安詳的熟睡，在殷切期待的心願完成後的次日，陷入深眠的世界。

「兒女們最後都哭了，但這些眼淚並不代表永別的哀傷，它還包括他們幫助母親達成最後心願，所流下的安慰和滿足的淚水。」

我年少的時候，一位叔公要臨終前幾天，把我父親找去，母親和我陪伴在側。當時家父還年輕，愛玩愛賭，對家裡沒有責任感。我看著虛弱的老人，躺在病榻上握著父親的手，摯情可感的說：

「你的能力很好，但要學習負責，疼惜賢慧的太太。人在做，孩子在看，天也在看，你答應我一件事，努力做個正直的好人，就一定會有很好的未來。」

我看父親被感動得連聲說好。父親好像從那時開始，改掉了玩和賭的壞習慣。叔公沒隔幾天就仙逝了，他遺留的教誨卻也直接對我的人生發生作用。

我知道，有些人在臨終前，仍然抱著希望和努力，去實現他該做的事。

莊嚴的死和活

生命是有限的，總有一天要面對大限。我們用氧來燃燒，把糖化作能量，但在氧化的過程中，產生了自由基而開始破壞我們的機體，所以生命的崩潰是必然的結果，也是生命現象的一部分。

重病末期，或到了無可挽回的時候，要寧靜地面對它，體驗最後的痛苦並從中超越、放下和解脫。抱著無論如何要活下去的強烈欲求，去面對無可挽回的死亡，才是最大的痛苦。我們要認清死亡的結局並不是意外，也不是不幸，而是自然的一部分。人只有在體會到這點後，才可能得到解脫，回歸到安寧的本體世界。

一位癌末的病人，在完全了解自己的病情和醫療的極限後，決心回家。起先妻子反對，後來因為能活的時日已不多，經家人商量後同意出院。他回家面對綠意盎然的自然環境，青山、稻田和清新的空氣，以及孫兒的笑鬧。出院一週後，醫師和護士去看他時，忍不住稱讚他住的地方要比病房好得多。他靦腆的笑了，這是住院時從來沒有過的笑容。過了幾天，他在家人毫無察覺的情況下，靜悄悄地於五月的清晨，在涼風伴隨下仙逝，沒有痛苦，就像睡著了一樣安詳。山崎醫師說：「能像他那樣的離世，也很不錯。至少不必在『明知已經沒有救了，還待在醫院』中等死。他的死不僅合乎自然，還充滿尊嚴。」

生命是值得珍惜的，最後的一段臨終生涯，卻是需要充分被尊重的一刻。當生命之火漸漸熄滅，無論你怎麼搶救，都只是徒然掙扎和痛苦，為什麼不把握最後的夕陽餘暉呢？

珍・卡麥隆（Jean Cameron）是一位慰問臨終病人的志工，後來她自己也罹患癌症，雖然在動了手術又進行化療之後，她的病情並沒有得到太大的改善，但她堅持愛惜自己的生命，也愛惜別人的夕照。所以她決定繼續為臨終病人服務，努力維持自己的清醒，去安慰需要幫助的病人。

卡麥隆在病中完成了《往事已過》（*For All That Has Been*）一書，她說：「我的體力雖然日益消失，但一種助人的喜悅和安寧，卻填滿了空虛。」電話隨時都在響，對方是需要人來分擔痛苦或悲傷的人。只要有所請求，她都願意用她尚存的力氣作答。她說：「雖然我們常把不幸視為不公平，但在接受愛和快樂的體驗時，遭遇就不是那麼不公平了。」這就是莊嚴的活。

生命是無常的，每個人都有大限到來的一天。我們要了解它，也要有所準備，屆時我們就不是驚慌失措，而是莊嚴地迎接它，並看出永恆的意義。

貳拾貳

把握當下參悟永生

當我們對無常的生命，
以及永生的精神世界有所了解時，
就能契會萬古長空和一朝風月的相融，
而用慈悲、博愛和智慧去生活，
並且找到真正的歸依處。

生命是有限的，但慧命是永生的。我們要珍惜生命，透過愛與智慧活出喜樂；但我們也要參悟永生，從中找到心靈的歸宿和生命。

人對生命抱持的態度，決定其心靈生活的品質。達觀、喜樂、愛與生活智慧，源自個人的生命態度。我們既需生活在無常的現實之中，創造幸福，同時要在精神生活上領會生命的意義，才能找到安穩和自在。

人在年輕健康的時候，會把有限的生命看成永遠。大家為長遠做打算，要開拓事業，建立安穩的未來，擁有名望、影響力和財富。但是在生命面臨大限時，則又如此的脆弱，發現自己打造和擁有的東西，竟然是不堪一擊，甚至變得驚慌失措。個人所受的打擊，使他的後段人生變得絕望和沮喪。

在我助人的工作中，發現許多人怕衰老，怕死亡，怕接觸有關死亡的事，這使他們的生活充滿著恐懼和不安。然而死亡和衰老是生命的必然，長輩和親友會面對它，自己也總有一天要面對它。所以，這個課題是生活的一部分，必須參透它，不要讓它苦惱你，威脅你的心靈生活，剝奪你的自在感。

心靈生活是要從現實生活延伸到永生存在的範疇。這個現實世界，如果不歸屬於永恆世界，心靈生活就缺乏歸宿，形成無根、漂泊和蒼茫，甚至於缺乏穩定的價值系統。相對的，如果我們一味在追求永生，而忽略從現實生活中得到喜樂和幸福，那麼我們有限的生命就無異被否定。因此現世與永生、生命與靈魂之間，必須相互銜接。

不過這方面的知識，除了宗教給我們的答覆之外，向來較少具體的實證。尤其是現代人，受到科學思考的薰陶較深，對於完全靠信仰進入永生的精神世界，不免有些困難。這就是現代人心靈不安、道德觀念薄弱、社會擾攘不安的原因。於是價值中立論變成主流，「只要我喜歡，有什麼不可以」的觀念成為流行的時尚。自由開放的社會，漸漸染上縱欲聲色，缺乏自律自治的風氣。

臨床死亡經驗的研究

近三十年來，學術界透過死亡研究，發現許多死亡的知識，以及死後還存在的線索。這些發現讓我們有機會從科學的思考方式，試著接近永生與慧命的課題。

有關臨床死亡經驗的研究，最具啟發性的論文首推雷蒙・穆迪（Ramond Moody）在一九七六年所提出的報告。他以臨床晤談的方式，對一百五十餘位具有死亡經驗的人，做了詳細的訪談，他的主要發現是：

- 他們有共同的死亡經驗：在歷經短暫的痛苦之後，便脫離自己的身體，很快就覺得自己有個新的存在體。
- 脫體以後的世界和經驗，非人間的語言所能描述；他們用譬喻的方式描述：他會找到一個最有利的位置，去看當時自己的遭遇，以及別人對他的急救。他們也看到其他的存在體，這些存在體與他溝通的語言是念頭，而不是人間的語言。
- 有三分之一的人，經驗自己來到光明的世界。光的形體和他溝通，幫助他回顧自己的一生，重點是你是否活得喜悅；是否珍惜生命，用愛心來生活；遇到挫折是否用智慧來解決問題。這些人在回陽之後都表現得更有愛心，珍惜生命，並用智慧去生活，努力學習新知。
- 另外三分之二的人，大抵是來到矇矓昏暗的世界，他們遇到過世的親人或一種力量，阻止他們前行，從而回陽。這些人也對珍惜生命有了領悟。

●從死亡經驗中得到的共同啟發是：生命的重心是愛與智慧，以及你是否生活得喜樂。

從穆迪醫師發表這篇論文之後，康乃狄克大學的心理學家甘尼斯・林（Kenneth Ring）也投注心力從事這方面的研究達二十餘年。他蒐集成千上萬瀕死經驗（near death experience, NDE）者的自述，釐清許多疑點，澄清目前所掌握的證據，揭開有限生命之後的許多謎題。

他在研究中發現，有過瀕死經驗的人，儘管年齡、教育程度、出身背景和性格特質不同，卻都有著相同的經驗。他們談到脫體（out of body），同死亡的人溝通，見到光的存在體。雖然每個人的經歷有些不同，除了少數自殺者之外，都感受到死亡的安適和極樂的感覺，渴望留在那裡。他們相信自己面對的是至高而充滿慈愛的力量，這使經歷瀕死經驗的人在回陽之後，更相信生命的可貴，洞悉不應該故意結束生命，來擾亂自然的秩序。

研究發現，生命所要遵循的真理是愛與智慧。這個真諦與儒家的道統「仁智雙修」，基督教義所謂的「博愛與知識」，乃至佛教所揭示的「悲智雙運」，有著共通的義理可循。

尊重生命

研究中發現，歷經瀕死經驗的人，都變得更尊重生命。他們的自我價值得到提升，願意關懷別人，開展生活智慧與對生命的愛，於是發展出利他主義，進入大我的境界。甘尼斯・林指出：瀕死經驗不僅是促進演化的重要因素，也是珍愛人生和開發人類潛能的課程。身為一個人，應積極應用這類知識，充實自己的人生，以達心靈的高度開化。他說：

「我希望大家能將研究所得的知識，充分發揮在生活層面上，才能更清楚地體驗到，我們能在往生之際超越自我，進入大我之境。心懷這種宏願，才能活出充實圓滿的一生。」他接著說：

「我投入瀕死經驗的研究，並進一步與數以百計有此經驗者交往，透過了解與觀察，從他們的經驗中汲取精要，將實際價值呈現給大家……。當我們傾聽他們受到光體啟發的經驗時，也就能像他們一樣，得到學習和成長。」

從這些經驗的分享中，我們會更加珍惜生命，更知道愛與智慧是精神成長的動力。我們用愛與智慧生活時，就等於充實了生命，並透過有限的生命，朝向圓滿報身發展，體證永生的存在。

科學的澄清

甘尼斯・林對自己的研究做了科學的澄清。首先他懷疑這些瀕死經驗，是否因為麻醉品引起的。但他發現許多病人並沒有接觸藥物，更何況藥物與麻醉劑只會忘掉瀕死經驗。其次，瀕死經驗是否為休克所帶來的幻覺呢？不過，幻覺通常是散漫、不連貫的，內容應該因人而異，但這些人的經驗回溯卻很明確、一貫和具真實感。其三，這些經驗是否為臨終者所幻想的自己想看到的景象呢？這也不可能，因為這些瀕死經驗者，有很多人並不知道他們有生命的危險，而且大部分沒有想過死後的極樂世界。這種經驗會不會是死亡一瞥的短暫經歷呢？顯然也不是，經歷這種經驗的人，其態度、價值觀念、愛心及助人的傾向，有著明顯的增強。

雖然瀕死經驗無法以嚴格的科學實驗研究，取得完全令人信服的答案，但到目前為止，這些研究仍是最能令現代人了解死亡和生命價值的寶貴資料之一。有關瀕死經驗中所謂靈魂存在的問題，日內瓦大學圖書館館長瓦拉利諾（Evelyn E. Valarino）在整理有關瀕死經驗的研究文獻時，曾以此為題，訪問過腦神經外科學家、物理學家、心理學家及宗教家，他們對於心靈的永恆存在，大抵抱持肯定的看法。尤其在訪問物理學家范恩柏格（G. Feinberg）等人的看法時，指出我們的靈魂可能也是一種物質構成的，它是一種運動速度極快的迅子（tachyons）所構成，這種粒子比光粒子速度更快，所以靈魂有預知或回溯前世的特性。（請參閱《柳暗花明又一生》一書，遠流出版）

對人生的開啟

顯然人並非只為現實這個生命而活，應該包含為永恆存續的存在和本體世界而活。這兩個世界並非互不相干，而且是相互隸屬。現在我們更能了解二十世紀美國心理學家和哲學家威廉・詹姆斯（William James），他在研究人的宗教經驗所做的結論：

「有形的世界是精神世界的一部分，前者從後者取得它的主要意義，它的根源是愛與智慧。人與更高的精神世界結合，是人生的真正目的。」

甘尼斯・林在其所著《穿透生死迷思》（*Lessons from the Light*，中譯本遠流出版）一書中，說明瀕死經驗對人的啟示作用，認為它與禪的傳承智慧相輔相成，他說：

「在禪的傳承中，有一本畫冊叫《牧牛圖》，旨在描述精神開悟的階段。原始畫冊的最後一幅，畫著一個白色的空心圓，代表圓融合一和萬物皆空的本然。但後期的禪宗大師，則將開悟的歷程推進到醒悟之上，以另一幅畫作結尾，上面畫著一個心智醒悟的人，由山頂上下來，走入村莊，擁有一雙賜福予人的手，和一般人的生活打成一片，以身教鼓勵他人。不分階級、職業和性別，對所有的人施予同情和關懷。」他又說：

「正形成的瀕死經驗社群，在許多方面接近佛教……事實上，禪的傳承還有另一句銘言：在開悟之後，才開始真修實煉（按：《神會和尚遺集》中有云：『悟法漸中頓，修行頓中漸』的典故），這些研究提供了光體的教訓和景象之後，我們了解到何以要身體力行，去實踐這項啟發。」

在禪的啟發和修持中，把無相的本體世界稱作空，把無常的現象世界稱作有。前者就是萬古長空，它非限定性，所以能孕育一切；後者就是一朝風月，它無常和變化，有其限定性，所以稍縱即逝。宋朝的善能禪師對此做了註解說：

不可以一朝風月，而昧卻萬古長空；
不可以萬古長空，而不明一朝風月。
且道如何是一朝風月？
人皆畏炎熱，我愛夏日長，
薰風自南來，殿閣生微涼。
會與不會，切忌承擔。

當我們對無常的生命，以及永生的精神世界有所了解時，就能契會萬古長空和一朝風月的相融，而用慈悲、博愛和智慧去生活，並且找到真正的歸依處。

由於瀕死經驗的研究，我們能看出生命的意義和希望，對現實的生活有著「大死一番再活現成」的自在，從而發展出無私、不執著的坦蕩；看出生命的價值，予以珍惜，知道用愛和智慧，活出喜樂的人生。同時，清醒地知道死亡並不可怕，重點是我怎麼用智慧與愛活出喜樂來，讓自己與永恆的精神世界，得以融合。